U0924811

郑州市名街志文化工程

# 新建路街道志

郑州市地方史志编纂委员会　主办
郑州市地方史志办公室　编著

·北京·

**图书在版编目（CIP）数据**

新建路街道志 / 郑州市地方史志办公室编著. -- 北京 : 中国水利水电出版社, 2019.12
郑州市名街志文化工程
ISBN 978-7-5170-8191-3

Ⅰ. ①新… Ⅱ. ①郑… Ⅲ. ①区(城市)－地方志－郑州 Ⅳ. ①K296.15

中国版本图书馆CIP数据核字(2019)第253855号

总 策 划：营幼峰
选题策划：马爱梅　宋建娜　张小思
责任编辑：李慧君

| | |
|---|---|
| | 郑州市名街志文化工程 |
| 书　名 | 新建路街道志 |
| | XINJIAN LU JIEDAO ZHI |
| 作　者 | 郑州市地方史志办公室　编著 |
| 出版发行 | 中国水利水电出版社 |
| | (北京市海淀区玉渊潭南路1号D座 100038) |
| | 网址: www.waterpub.com.cn |
| | E-mail: sales@waterpub.com.cn |
| | 电话: (010) 68367658 (营销中心) |
| 经　售 | 北京科水图书销售中心 (零售) |
| | 电话: (010) 88383994、63202643、68545874 |
| | 全国各地新华书店和相关出版物销售网点 |
| 排　版 | 北京金五环出版服务有限公司 |
| 印　刷 | 北京印匠彩色印刷有限公司 |
| 规　格 | 184mm×260mm　16开本　13.5印张　238千字 |
| 版　次 | 2019年12月第1版　2019年12月第1次印刷 |
| 印　数 | 0001—2700册 |
| 定　价 | 98.00元 |

新郑市新建路街道辖区图

新建路街道全景　刘栓阳　摄

宇内一统 铸鼎开疆
踪迹六书 文典辉映
设官司职 政体滥觞
创制指南 舟车四方

2019 年黄帝故里拜祖大典 刘栓阳 摄

重点文物保护单位郑韩故城
中華第一古都

郑韩故城　刘栓阳　摄

双洎河　刘栓阳　摄

新建路街道一瞥

# 郑州市名镇志、名村志、名街志编纂委员会

**主　　任** 孙晓红

**副 主 任** 柴　丹　朱　军

**委　　员**（按姓氏笔画排序）

于　珊　王丹东　任　莉　刘长春　刘军杰　李伟光

杨　洁　杨　洋　张建锋　陈　军　林　海　虎荣鑫

周建超　屈连武　胡光程　康红阳　梁豫生

**主　　编** 朱　军

**副 主 编** 王丹东　梁豫生　刘长春

**编　　委** 丁明伟　王西林　孔令岳　冉　宁　向天燕　刘　琴

刘华东　安伯乐　李　磊　南必成　徐　宁　路培育

**编　　辑** 李艺博　刘　恒　王　丹　李　靖　高　畅　魏海薇

**学术顾问** 刘　杰　河南省文学艺术界联合会副主席、河南省美术家协会主席

李运江　河南省美术家协会顾问

封曙光　河南省美术家协会副主席

丁　昆　河南省美术家协会副主席、河南省美术家协会油画艺术委员会主任

魏　剑　河南日报报业集团编委委员、河南日报农村版总编辑

徐建勋　河南日报郑州分社社长

顾　华　河南日报农村版总经理

郑东军　郑州大学建筑学院副院长、教授

阎铁成　郑州中华之源与嵩山文明研究会副会长

张　永　郑州报业集团党委委员、纪委书记

张绍宇　郑州市雕塑壁画院创研员

# 《新建路街道志》编纂委员会

**主　　任**　李　勇　李　磊

**副 主 任**　李宏伟　李锦红　宁淑娜

**委　　员**　李三红　苏永民　侯自玉　樊永贵　任晓莉　周永杰
史晓娟　申秀清　安丰铭

**编　　辑**　余宏昌　郑海军　翟家琪　王艳玲　孙彦涛

**编　　撰**　王瑞红　时萌萌　雷　震　王　慧　武玲燕　梁芳芳　雷泽洋

**摄　　影**　刘栓阳　刘宏民　王建伟

# 序

2018年以来，我们在中国地方志指导小组办公室、河南省地方史志办公室的热情指导和大力支持下，在郑州市各县（市、区）地方史志工作机构及相关镇、村、街道的共同努力下，开拓创新，克难攻坚，相继完成了11部镇志、1部村志、18部街道志，共计30部基层志书的编纂出版工作。这是我市坚持以习近平新时代中国特色社会主义思想为指引，认真贯彻落实《全国地方志事业发展规划纲要（2015—2020年）》（国办发〔2015〕64号），围绕中心、服务大局，推动地方志事业高质量发展、发挥存史、资政、育人职能作用的一项重要成果。

这30部志书以镇志、村志、街道志为主线，全面、客观地记述了郑州从一座古老的城市发展成为国家中心城市的历史进程，阐释了中华文明、中原文化在郑州这座城市的文明形态起源、嬗变和现代转型。聚焦黄河文化、商都文化、黄帝文化、河洛文化、嵩山文化和二七精神等重要的城市文化名片，我们组织编纂了管城区《东大街街道志》《西大街街道志》《城东路街道志》，二七区《德化街道志》，金水区《杜岭街道志》，巩义市《回郭镇志》《大峪沟镇志》《康店镇志》《河洛镇志》《站街镇志》，新郑市《孟庄镇志》《新建路街道志》，惠济区《古荥镇志》，上街区《峡窝镇志》《方顶村志》，中牟县《雁鸣湖镇志》，新密市《刘寨镇志》，登封市《告成镇志》等一批志书。我们尝试从地方志的角度描述、分析这些文化的历史演进，宏大叙事与微观剖析并重，讲述方志故事，凝聚城市精神，发现并彰显这些深藏在街道社区、乡镇村庄里的城市文化根脉。

我们借鉴人文地理学和社会学的调查研究方法，在中原区委、区政府的支持下，组织编纂了该区《西流湖街道志》《中原西路街道志》《桐柏路街道志》《三官庙街道志》《棉纺路街道志》《绿东村街道志》《林山寨街道志》《汝河路街道志》《航海西路街道志》《须水街道志》《秦岭路街道志》《建设路街道志》12部街道志，对一个行政建置区域的政治、经济、文化、社会、生态建设状况，特别是对自中华人民共和国成立以来各个历史时期的发展做了全方位的较完整记述。这些街道志组成了美丽的“方志拼图”，从中我们可以清晰地看到中原区从一个传统的城郊农业区，在新中国成立初期形成郑州市的市级行政中心、文化中心和现代工业区，改革开放以来经过国企改革的华丽“蝶变”，转型升级为现代化宜居宜业新城区的时空轨迹。

我们在丛书编纂中基本采用了中国地方志指导小组办公室确定的中国名镇志、名村志、名街志编写体例，以质量为生命线，强化精品意识，与各编纂单位和出版单位一起，对每部志书严把政治关、史实关、体例关、文字关、出版关，认真贯彻落实《郑州市地方志工作规定》要求，理顺管理体制和运行机制，分级负责与属地管理相结合，明确了市、县（市、区）、镇（街道）、村等各级在志书编纂中的具体权责，一级抓一级，层层抓落实，形成了踏石留印、抓铁有痕的良好工作格局。

在编纂方式上，我们积极适应“读图时代”的现代读者需求，在锤炼文字表达的同时，特别突出了“图像存史”的作用。我们与河南省美术家协会合作，组织一批在省内乃至全国有影响力的优秀画家，深入基层开展采风创作，用画笔描绘郑州美丽乡村和城市现代街区风貌。我们要求编纂单位注意对优秀美术作品的资料收集，如巩义籍著名画家陈天然、徐小龙等长年扎根农村基层，创作出一批表现浓郁乡土风情的优秀美术作品，经其家人慨允，许多作品收入相关志书，成为熠熠生辉的亮点。中共郑州市委宣传部外宣办，河南日报新闻图片有限公司，郑州日报社及市、县（市、区）摄影家协会等单位和许多优秀、敬业的摄影家，为我们提供、创作了一大批精彩的摄影作品，与志书篇章结构和语言文字同步配合，形成了一个全新的图像叙事体系。这已不是简单的配图、插图、图文并茂，而是把图像证史、存史放在了编纂方式创新的维度上来考量其价值与意义。

为提高志书编纂的学术品质，我们与郑州大学建筑学院合作，开展传统村落与民居保护和城市街区建筑文化专项调查，形成了一批研究成果，并在编纂中予以重点展示。郑州市是中华文明探源工程、夏商周断代工程等考古研究的重点区域，拥有世界文化遗产——登封“天地之中”历史建筑群和诸多国家重点文物保护单位，各类历史文化遗迹俯拾即是。

在文物部门的大力支持下，我们在相关志书编纂中，注意收录考古最新发现及研究成果，以丰富志书编纂的文化内涵。

这里需要特别感谢的是，河南日报农村版、中国水利水电出版社等单位积极、热情地参与到编纂工作中，帮助我们探索了史志工作与专业机构通力合作、优势互补、众手成志的史志编纂新模式。在这部丛书出版之际，谨向支持、参与这项工作的所有部门、单位，领导、专家和基层史志工作者表示真诚的谢意！

以上是我们在郑州市名镇志、名村志、名街志文化工程中的一些尝试，不足之处敬请批评指正，以便在今后工作中认真加以改进。

郑州市地方史志办公室

2019年12月

# 凡　例

一、全面深入贯彻党的十九大和十九届二中、三中全会精神，以马克思列宁主义、毛泽东思想、邓小平理论、“三个代表”重要思想、科学发展观、习近平新时代中国特色社会主义思想为指导，坚持实事求是原则，全面、客观、系统地记述各名街发展过程和改革开放成果，保护和传承名街历史文化，激发爱国爱乡情怀，为探索中国街区建设和城市发展模式、发展道路提供历史智慧和现实借鉴。

二、编纂质量参照中国地方志指导小组印发的《地方志书质量规定》执行。在坚持志体前提下，体裁运用、篇目设置、资料选择等作适当创新。内容记述突出名街“名”与“特”等内涵，应执简驭繁、文约事丰、易于阅读、利于普及。

三、为全面反映名街发展演变脉络，各志上限尽量追溯至事物发端，下限一般断至各街志启动编纂年份。个别重大事项延至搁笔。

四、以下限年份的街区范围为主，与所述名街紧密相关的街巷从简记述。

五、采用纲目体，分类目、分目、条目三个层次。横排门类，纵述史实。除《中国名街志丛书参考篇目》要求的必设类目外，其余类目突出时代特色、地方特点。

六、综合运用述、记、志、传、图、表、录等体裁，以志体为主。

七、除引用原文和附录文献资料外，统一使用规范汉字及现代语体文、记述体。记事坚持秉笔直书、述而不作，寓观点于记述之中。行文力求朴实、严谨、简洁、流畅，可读性强。

八、志中随文配图照，图照下附注文字说明。

九、所需数据一般采用政府统计部门数据，无统计数据的选用主管部门正式发布的数据。

十、志中所称“解放前（后）”，以当地解放日为界；“新中国成立前（后）”，以中华人民共和国成立日 1949 年 10 月 1 日为界；“改革开放前（后）”，以中共十一届三中全会召开的 1978 年 12 月为界。

十一、记事均从第三人称角度记述。人物直书姓名，必要时冠以职务或职称。地名以现行标准地名为准；使用历史地名的，首次出现时括注现行地名。各历史时期党派、团体、组织、机构、职务或职称等均以当时名称为准。称谓过长而又频繁使用的，首次出现时使用全称同时括注简称，之后使用简称。

十二、遵循国家标准和出版规定，志中数字书写以 GB/T 15835—2011《出版物上数字用法》为准，标点符号使用以 GB/T 15834—2011《标点符号用法》为准。

十三、志书所用重要资料尽量注明出处。附载文章于篇后注明资料来源。

十四、本凡例关于名街志编纂中的未尽事宜，可在《编纂始末》中予以说明。

# 目　录

# 轩辕故里　根亲祖地

新建路街道位于新郑市主城区，是黄帝故里拜祖大典的举办地。寻根中原，拜祖新郑。数千年来，“和合文化”的基因在这片土地上传承创新，积淀了人文始祖肇造文明的丰厚底蕴，孕育了质朴热烈的诗经郑风，铸就了春秋战国时期郑国和韩国的都城。今天，在郑州国家中心城市建设的战略格局下，黄帝文化历史名城、郑州南部生态绿城在新建路街道融合共生，书写着新的时代传奇。

LOCAL RECORDS OF XINJIANLU

黄帝故里拜祖广场

# 一

黄帝是中华民族的人文始祖。据清乾隆四十一年（1776 年）《新郑县志》：“新郑县，故有熊氏之墟，黄帝之所都也。郑氏徙居之，故曰新郑。”农历三月初三，朝拜轩辕黄帝，古来有之，形成习俗，绵延至今。1992 年开始，新郑市连续 12 年举办以寻根拜祖为核心内容的“炎黄文化旅游节”。2005 年，“炎黄文化旅游节”升格为郑州市政府主办。2006 年，进一步升格为省政协主办的黄帝故里拜祖大典。此后，又逐步发展为由河南省政府、河南省政协、中华炎黄文化研究会、中华全国归国华侨联合会、中华全国台湾同胞联谊会、中华人民共和国国务院侨务办公室联合主办，郑州市人民政府、新郑市人民政府承办的格局。2008 年，黄帝故里拜祖大典被国务院评为国家级非物质文化遗产。2010 年，确定大典主题固化为“同根同祖同源，和平和睦和谐”，显著增强了大典的影响力、凝聚力、感召力，强化了全球华人共筑中华民族伟大复兴中国梦的文化和情感基础，有力助推了“一带一路”和“人类命运共同体”建设，对促进中原崛起和郑州国家中心城市建设发挥了积极作用。

轩辕黄帝像

郑韩故城 刘宏民 摄

## 二

新建路所在区域是新郑市主城区。春秋战国时期，郑国、韩国先后在新郑建都长达539年，形成了内涵丰富的郑韩文化，成为先秦时期中原文化的典型代表。《诗经·郑风》清新婉约、文辞优美，是中国诗歌艺术中脍炙人口的名篇佳作。先秦诸子中的法家、纵横家代表人物子产、韩非子、申不害等的智慧哲思在这片土地上熠熠生辉。

位于新郑市区的郑韩故城城垣，当地称为“四十五里牛角城”，历经2000多年的岁月洗礼，依然宏伟壮观。一道南北走向的隔城墙把故城分为东、西两城。西城主要位于新建路街道辖区，西城内分布有韩国宫城和宫殿区、缫丝作坊遗址。郑韩故城的布局体现了当时列国都城的典型模式，其规模和保存的完整性在东周列国都城中绝无仅有，对于研究中国古代都城建制、城市布局、社会生活等具有重要价值。1961年3月，郑韩故城被国务院评为全国第一批重点文物保护单位。2001年3月，郑韩故城入选中国二十世纪一百项重大考古发现。2018年4月，郑韩故城遗址入选2017年度全国十大考古新发现。

新郑郑韩故城出土九鼎八簋九鬲

旧城改造——南街古巷

现代化街区建设

# 三

新郑自古为通衢，商旅往来，贸易繁荣，春秋时人口已达10余万人。新中国成立后，城关镇作为新郑县政府所在地，认真执行党的各项政策，在经济、文化等方面取得了长足进步。党的十一届三中全会后，改革开放的春风给这块古老的土地注入了新的活力，基础设施建设不断加强，人居环境不断改善，公共服务逐步提升，承载功能日益增强。2004年以来，新建路街道先后建成家具市场、钢材市场、农产品交易市场、农资市场、仓储物流中心，另有商业步行街、金帝商贸城、四发商贸城等商业圈。

党的十八大以来，新建路街道认真贯彻习近平新时代中国特色社会主义思想，践行创新、协调、开放、绿色、共享的发展理念，紧跟郑州国家中心城市建设步伐，对接融入郑州航空港经济综合实验区发展，突出旧城改造和社会治理创新两个重点，搞好黄帝故里建设、城市基础设施建设、新型社区建设与旧城改造的三个结合，大力发展大商贸、大物流、大产业，打造“经济发展、文化繁荣、环境优美、治安良好、管理有序、生活和谐”的现代化美好城区。党的建设全面加强，基层基础扎实牢固，党风政风不断好转，干事创业成绩斐然。2018年，财政收入完成1亿1700万元，较2012年的3550万元增长近3.3倍。近年来，获得“省级卫生先进单位”“省社区社会组织先进单位”“省级先进基层人民武装部”“省民政系统社区管理先进单位”等荣誉称号。

新时代，新征程。新建路街道扛起建设黄帝文化历史名城、郑州南部生态绿城的光荣使命，着力打造郑州南部对外开放高地。轩辕故里的蝶变更加美丽，根亲祖地的故事更加美好。

# 基本街情

新建路街道原为新郑市城关镇，位于市区中西部，是新郑老县城所在地。2001年11月13日撤镇建街道办。辖区北邻新村镇，南连梨河镇，东邻新华路街道办事处，西接城关乡。街道北起郑韩路，西临107国道，南跨双洎河岸，东至文化路、新建北路，总面积4平方千米。街道下辖东街、南街、西街、北街、东关街、北关街6个社区居委会，20个居民小组，常住人口3万人。

LOCAL RECORDS OF XINJIANLU

# 历史沿革

## 街名由来

新建路原是旧城区东扩后新建的第一条主干道，新建路街道因此而得名。

## 区　划

1927 年，新郑县为三等县，划分为 7 个区，老县城为一区。

1928 年，新郑县改为区、乡（镇）、村体制，全县划为东（高夏）、南（观音寺）、西（辛店）、北（岣嶂山）、中（城关）5 个区，城关镇属中区。

1931 年，新郑县划分为 5 个区，第一区署在县城。

1935 年，将原有 5 个区合并成 3 个区，第一区署在县城。

1947 年，并为 4 乡 1 镇：辛店乡、高夏乡、郭店乡、太清乡和城厢镇。8 月，又改成 10 个乡镇。辖区时称城厢镇。

1948 年 10 月，新郑解放。县设 5 个区：第一区城关，第二区大杨庄，第三区辛店，第四区溴水寨，第五区高夏。辖区属一区，下设行政村。

1950 年，土地改革开始，全县划分为 6 个区：城关、吴陈、辛店、溴水、高夏和薛店。区下设乡。后改为 6 个区，辖区属城关区。

1956 年 12 月 1 日，全县划分为 27 个乡，新郑旧县城归城关乡管辖。

1958 年 5 月 15 日，合并为 14 个乡 1 个镇，城关镇从城关乡划出。

1959 年 4 月，城关镇和梨园合并为城关公社。

1961 年 7 月 14 日，全县划分为 6 个区，即城关、辛店、观音寺、高夏、郭店和薛店。

1963 年 4 月，全县划分为城关镇和 9 个人民公社。

1973 年，撤城关镇，划入城关公社。

1980 年，从城关公社划出城关镇。

1983 年 4 月 29 日，改公社为乡，乡下设行政村。全县划分为 13 个乡和城关镇。

1986 年，城关镇辖 5 个行政村 31 条街。

1994 年 5 月 16 日，撤销新郑县，设立新郑市，全市设 6 镇 8 乡，其中有城关镇。

1997 年，全市设 10 镇 4 乡，其中有城关镇。

2001 年 4 月，经河南省政府批准，新郑市撤销城关镇，调整城关乡及和庄镇行政区划，建立新建路、新华路、新烟街 3 个街道。11 月 13 日，正式撤销城关镇，设立新建路街道。

2018 年，新建路街道辖北街社区、北关街社区、东街社区、东关街社区、南街社区、西街社区 6 个居民委员会。

## 社 区

**北街社区** 范围为郑韩路以南，轩辕路以北，迎宾路以西，阁老路以东。北街社区有古迹：轩辕故里祠。另有非公有制企业单位 2 家，社会组织机构 1 家。北街社区办公楼为 3 层，建筑面积约 606 平方米。

**北关街社区** 1991 年 8 月 26 日，原北大街居民委员会第三居民小组重置为新郑县城关镇北关街居委会。范围为郑韩路以南，轩辕路以北，新建路以西，迎宾路以东。面积达 1 平方千米。辖区主要公共单位有市交通局、公路局、粮食局、水利局、农业局、盐业公司、运输公司、汽车站、北关粮库、生产资料公司等。

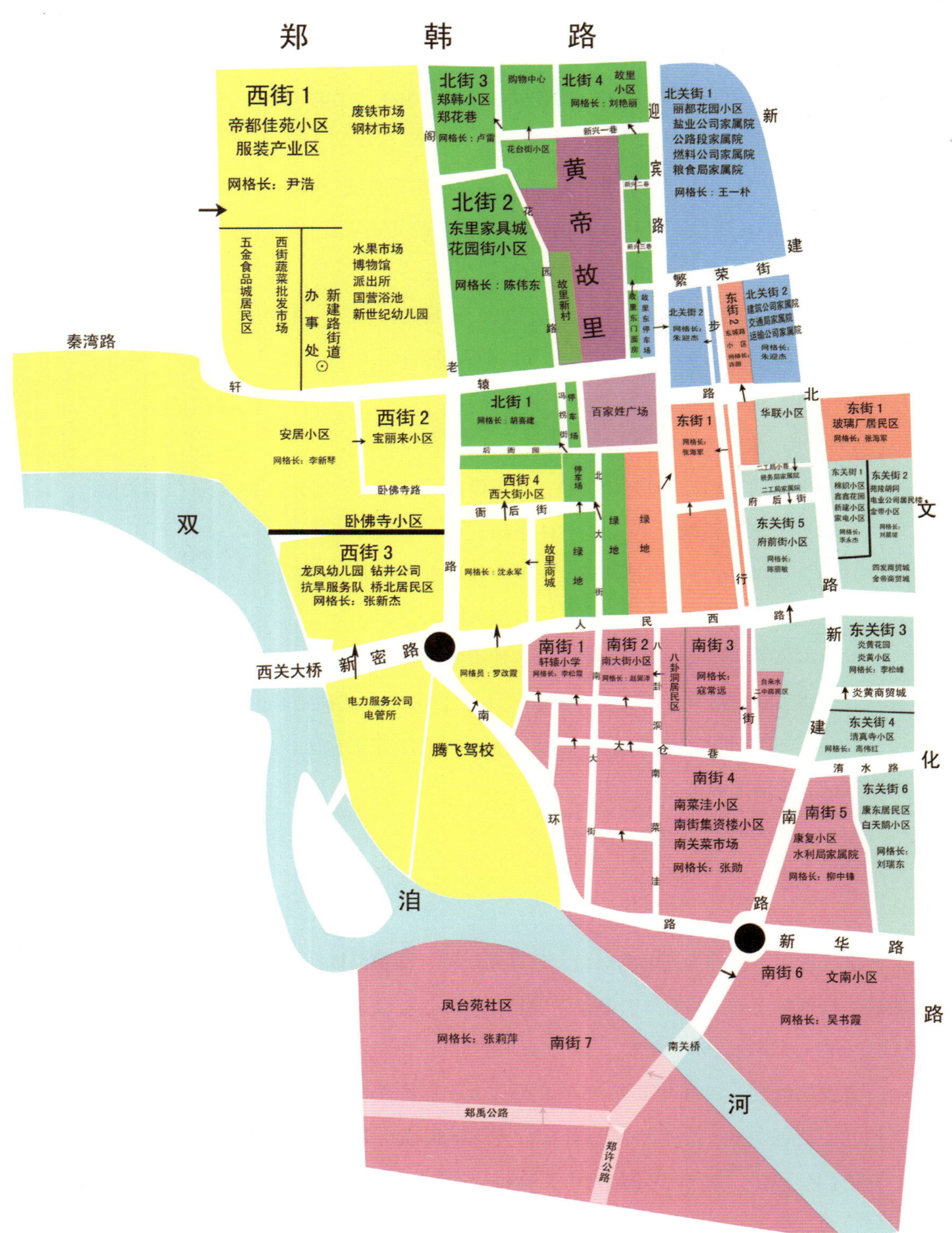


新建路街道办事处网格化管理示意图

北街社区、东街社区

北关街社区 刘栓阳 摄

东关街社区　刘栓阳　摄

南街社区　刘栓阳　摄

**东关街社区** 范围为新建路以东，文化路以西，洧水路以北，黄水路以南。社区有历史古迹印台，在印台街东。辖区主要公共单位有中国工商银行、中国农村合作银行、中国农业银行、易居酒店、文化馆等。

**东街社区** 范围为轩辕路以南，人民路以北，步行街以西，迎宾路以东。东街社区有历史古迹：鉴忠堂宝谟楼（俗称“接旨亭”）。辖区主要公共单位有新郑国税局、农村信用社城关镇支行。

**南街社区** 社区内含南大街社区居委会和文南社区居委会。南街社区居委会范围为人民西路以南，城南双洎河以北，新建路以西，南环路以东；南大街社区范围为人民路以南，城南双洎河以北，八封洞及南菜洼以西，南环路以东；文南社区范围为新华路以南，城南双洎河以北，文化路以西，新建路以东。南街社区面积占老城面积近一半。辖区有农贸市场 2 个，高中 1 所，小学 1 所，幼儿园 2 所。辖区主要公共单位有房管局、电管所、教学仪器厂。

**西街社区** 社区内含阁老路社区居委会。西街社区居委会范围为轩辕路以南，西大街以北，阁老路以西，107 国道及城西双洎河以东；阁老路社区范围为郑韩路以南，轩辕路以北，阁老路以西，107 国道以东。辖区古迹有卧佛寺塔、县衙旧址、宫城遗址等。辖区

西街社区 刘栓阳 摄

有农贸市场 1 个，初中 1 所，幼儿园 3 所。辖区主要公共事业单位有新建路街道办事处、新郑市农村商业银行、邮政储蓄、司法局、新郑市博物馆等。

新建路街道社区居委会情况表（2012 年）

| 名称 | 驻地 | 居民小组 / 个 | 面积 / 平方千米 | 人口 / 人 |
| --- | --- | --- | --- | --- |
| 北街居委会 | 轩辕路东段 | 4 | 1.1 | 5612 |
| 北关街居委会 | 阁老路北段 | 1 | 0.6 | 4165 |
| 东关街居委会 | 新建路中段 | 4 | 0.5 | 9297 |
| 东街居委会 | 东街后刘拐 | 3 | 0.8 | 3270 |
| 南街居委会 | 新建路南段 | 5 | 1.93 | 15598 |
| 西街居委会 | 轩辕路西段 | 5 | 1.3 | 6598 |
| 合计 | | 22 | 6.23 | |

注：2018 年，北关街社区有两个居民小组迁至安置区。辖区面积为 4 平方千米，另 2.23 平方千米为飞地，一部分为南关桥南边，一部分在郑韩路北部。

# 区 位

## 自然地理

**位 置** 新建路街道位于县域中部偏南，地理坐标为北纬 34°22′ 至 34°24′、东经 113°42′ 至 113°43′。街道北邻新村镇，南连梨河镇，东邻新华路街道，西接城关乡。

**地 形** 辖区处在豫西山地向豫东平原过渡地带，地势西高东低，中部高，南北低；西南部为丘陵岗地；西北部为山前坡洪积岗地；东部为沙丘岗地平原；双洎河两侧为冲积平原。地平面呈长三角形，北宽南窄形状。辖区地形为冲积平原，西部和北部为洪积黄土，东部为冲积物，上部为厚薄不一的风积物。

**土 壤** 辖区砖瓦黏土矿资源十分丰富，矿层储存于第四系中、上更新系统和全新系统下部。其岩性为灰色黏土层、亚黏土层和棕红色黏土层等。矿层厚数米至 20 米不等。主要矿物为黏土质矿物，另外有粉砂、岩屑和生物碎片等，可作建筑材料。

**河 流** 境内地表水总属淮河水系，唯一河流为双洎河，古称洧水，属颍河水系贾鲁

冲积平原 刘栓阳 摄

双洎河 刘栓阳 摄

双洎河　刘栓阳　摄

河支流，发源于登封市的阳城山南麓。双洎河从北宋开始通航至 1959 年。2018 年，双洎河城区段两岸建成湿地公园。

**气　候**　气候特征属暖温带大陆性季风气候。气温适中，四季分明。3—5 月为春季，天气温暖，多东北、西北风，雨水偏少；6—8 月为夏季，天气炎热，多东南风，雨水偏多，降水量占全年的 52%；9—11 月为秋季，天气凉爽，风向不定，雨水偏少；12 月至次年 2 月为冬季，天气严寒，多西北风、东北风，雨雪偏少。四季时间长短略有差异，春、秋二季稍短，夏、冬二季稍长。年平均日照数为 1893.5 小时，年平均气温数为 14.9 摄氏度，年平均降水量为 682.58 毫米。

## 交通地理

新建路街道位于新郑市区中西部。国道 G107 从辖区西关桥外通过，省道 S223、S323 从境域穿越，郑新快速通道联通省会郑州。车站有北关汽车站和西关汽车站，总计日均发车 650 余班次，日均客流量 5000 余人次，节假日客流量高达 2 万余人次。经过辖区的公交线路有 15 条，公交车平均 10 分钟一班。辖区距新郑国际机场约 30 千米，距郑州汽车客运总站约 44 千米，距郑州火车站、郑州长途汽车中心站 46 千米。

郑新快速通道　刘栓阳　摄

## 政治地理

5000 多年前，辖区为有熊氏之墟，据传轩辕黄帝在此出生，创业建都；4700 年前，辖区为祝融氏之墟；夏、商时期，此地为方国之地；春秋时期，此地为郑国都城；战国时期，此地为韩国都城；秦汉以降，城关镇一直是县治所所在地；民国时期是国民党县政府所在地，时称城厢镇；1948 年新郑解放后，新郑县政府设在城关镇；截至 2001 年 11 月 13 日，撤城关镇设新建路街道，新郑市市政府迁至新华路街道。2006—2018 年，黄帝故里拜祖大典皆在辖区轩辕故里景区举办。

新中国成立初期的新郑县政府

## 经济地理

辖区1963年经济总收入为40.9万元，1980年为303.78万元，1986年增至2313万元，在新郑县各乡镇居第7位。农民纯收入1963年人均年分配现金42元、粮食137公斤，至1986年人均纯收入546元，仅次于城关乡。1998年，城关镇实现社会生产总值14.82亿元，财政收入636万元，人均纯收入3485元，综合经济实力居郑州市各乡镇第4名。所辖6街（社区）于1996年被郑州市命名为小康村，第一个跨入新郑市小康镇行列。

2016—2018年，连续三年超额完成经济目标任务。2018年，财政收入完成1亿1700万元，城镇居民可支配收入33740元。

# 居　民

## 人口总量

新建路街道自成立以来，人口处于正常的增长态势，由于经济发展，流动人口有所增加，主要分布在6个社区。

2001年，新建路街道城镇人口为27397人（非农业人口27393人，农业人口4人），城镇化率为99.99%，面积6.23平方千米，人口密度为4398人/平方千米；2018年，城镇人口为29222人，城镇化率为100%，面积4平方千米，人口密度为7305.5人/平方千米，占新郑市人口比重为4.51%。

## 民族构成

据2010年人口普查统计，新建路街道有36105人，其中汉族35429人，回族653人，蒙古族4人，壮族2人，朝鲜族2人，满族13人，土族1人，撒拉族1人。

## 主要姓氏

据2017年辖区户籍管理部门统计数据，新建路街道居民姓氏主要有：王（2684人）、李（2243人）、张（2199人）、刘（2053人）、赵（1788人）、高（1582人）、陈（660人）、孙（648人）、杨（637人）、郭（577人）、冯（571人）、马（522人）、吴（507人）、周（487人）、白（435人）、靳（359人）、乔（302人）、蔡（268人）、贾（261人）、唐（258人）、董（255人）、秦（213人）、郑（205人）、丁（202人）、时（196人）、任（194人）、范（193人）、孟（180人）、朱（174人）、史（172人）、司（156人）、寇（129人）、部（111人）、游（92人）、左（92人）、万（68人）、严（1人）、丹（1人）。

**2001—2018年新建路街道人口变动情况表**

| 年份 | 总户数/户 | 年末总人数/人 | | | 出生人数/人 | | 死亡人数/人 | |
|---|---|---|---|---|---|---|---|---|
| | | 总人数 | 男 | 女 | 男 | 女 | 男 | 女 |
| 2001 | 10147 | 27397 | 13719 | 13678 | 172 | 139 | 49 | 39 |
| 2002 | 10162 | 30283 | 15664 | 14619 | 137 | 126 | 63 | 50 |
| 2003 | 10249 | 30378 | 15733 | 14645 | 138 | 119 | 57 | 46 |
| 2004 | 10248 | 29699 | 15384 | 14315 | 182 | 149 | 46 | 35 |
| 2005 | 10232 | 29797 | 15438 | 14359 | 178 | 145 | 60 | 46 |
| 2006 | 10283 | 29928 | 15465 | 14463 | 203 | 193 | 62 | 47 |
| 2007 | 10316 | 30511 | 15664 | 14847 | 96 | 88 | 43 | 31 |
| 2008 | 11925 | 30721 | 16824 | 13897 | 88 | 94 | 38 | 27 |
| 2009 | 11957 | 30896 | 15848 | 15059 | 112 | 91 | 50 | 31 |
| 2010 | 10114 | 36105 | 18414 | 17671 | 129 | 159 | 39 | 30 |
| 2011 | 10207 | 35128 | 17956 | 17172 | 148 | 143 | 38 | 29 |
| 2012 | 10719 | 35133 | 17961 | 17172 | 179 | 143 | 77 | 29 |
| 2013 | 10730 | 35766 | 17861 | 17905 | 179 | 130 | 65 | 31 |
| 2014 | 10871 | 36645 | 18105 | 18540 | 142 | 202 | 60 | 29 |
| 2015 | 11448 | 37309 | 18197 | 19112 | 165 | 203 | 78 | 29 |
| 2016 | 11936 | 29352 | 14113 | 15239 | 213 | 219 | 81 | 74 |
| 2017 | 12061 | 29565 | 14198 | 15367 | 80 | 73 | 28 | 27 |
| 2018 | 12169 | 29222 | 14377 | 14845 | 161 | 137 | 83 | 61 |

# 居民生活

## 居民收支

2002—2018 年，新建路街道居民的收入支出水平增长 5 倍左右。从整体水平上看，食品类支出的比重在下降，消费资金更多地倾向于住房、教育、医疗方面。

**2002—2018 年新建路街道居民收入支出情况表**

| 年份 | 收入 / 元 | 同比增长 | 支出 / 元 | 同比增长 |
|---|---|---|---|---|
| 2002 | 5895 | 34.1% | 5612 | 12.7% |
| 2003 | 6856 | 16.3% | 5487 | −2.2% |
| 2004 | 7693 | 12.2% | 7259 | 32.3% |
| 2005 | 8800 | 14.4% | 8696 | 19.8% |
| 2006 | 9880 | 12.3% | 9781 | 12.5% |
| 2007 | 12523 | 26.8% | 11163 | 14.1% |
| 2008 | 13312 | 6.3% | 13151 | 17.8% |
| 2009 | 16006 | 20.2% | 14368 | 9.2% |
| 2010 | 15928 | −0.5% | 16345 | 13.8% |
| 2011 | 17871 | 12.2% | 17690 | 8.2% |
| 2012 | 21652 | 21.2% | 20959 | 18.5% |
| 2013 | 21886 | 1.1% | 23102 | 10.2% |
| 2014 | 24052 | 9.9% | 28481 | 23.3% |
| 2015 | 26979 | 12.2% | 26426 | −7.2% |
| 2016 | 28387.7 | 5.22% | 27502.4 | 4.07% |
| 2017 | 30893.9 | 8.83% | 30164.6 | 10.9% |
| 2018 | 33480.2 | 8.37% | 33135 | 9.85% |

## 衣食住行

**衣** 1980—1995 年，城镇男性多穿军干服、中山装，少数男性外出穿西服配领带。城镇女性夏季穿制服、直筒裤、长裙，冬季穿秋衣、秋裤，上身穿小棉袄或制服，下身穿牛仔裤或直筒裤。2001—2010 年，青壮年冬季穿绒衣、绒裤、毛衣、毛裤，外穿西服或休闲装者越来越多，穿棉袄、棉裤者越来越少。衣料由棉布向化纤、毛呢、皮革过渡。2011 年以后，纯棉、高纺棉、棉麻精纺类衣服开始流行。

1996—2018 年，城镇青壮年多穿西服；但是 T 恤、夹克、休闲装悄然兴起。人们在庄重的场合穿西装，其余场合多穿休闲装。随着服装的变化，男性的鞋也由布鞋过渡到皮鞋、皮凉鞋。女青年追求曲线美，多数穿一步裙、连衣裙、健美裤、长筒丝袜、高跟皮鞋。

2001 年以后，各中小学校开始统一要求穿校服。在政法队伍、公安、铁路、邮政、工商税务等部门，工作时间穿制服。

20 世纪 90 年代的郑韩商场布料、服装市场

2001—2018 年，随着居民收入水平的提高，人均购买力也在提高。大街上各种各样的店铺、名牌服装专卖店、超市愈来愈多。衣着也向品牌化、高档化、时尚化和个性化演变。质地精良、款式新颖的品牌服装受人青睐。年轻人注重服装的新潮、时髦、个性化；中年人注重服装的质地款式；老年人注重服装的舒适、随意；高薪阶层更喜欢高档服装品牌。

**食** 2000 年以前，辖区居民主食以小麦、玉米为主，蔬菜以季节菜白菜、萝卜、黄瓜、南瓜、笋瓜、茄子、韭菜为主，水果以苹果、桃、西瓜为主，肉蛋以猪肉、鸡蛋为主。2001—2018 年，随着改革开放的深入发展，市场繁荣，本地区大米市场供应充足，黄瓜、西红柿、茄子、韭菜作为反季节菜，冬季市场供应充足。牛奶及奶制品、果汁、饮料等也走向百姓家庭。

辖区居民饮食一日三餐。早餐以稀饭、馒头为主，午餐以面条、大米饭、饺子、包子、烩菜为主，晚餐以稀饭、馒头、炒菜为主。1990—2018 年，外地风味食品不断传入本地，饭店日渐增多。大街小巷中各种档次、风味的餐厅和酒店随处可见。

文化路农贸市场　刘栓阳　摄

**住**　1970年以前，城乡居民住房多为砖基土坯墙体草房。1970—1980年，居民住房逐步向砖基里生外熟（即外砖里坯）、全砖体小青瓦房演变。1980—1990年，向二四墙体一层平房演变。1990—1997年，向二层砖体平房演变。

1998年以后，新郑进行房产制度改革，“公房”作价售给个人，单位可以集资建居民楼，个人建二层楼房、三层楼房的独家小院，房地产开发商可以购地皮建居民楼群、别墅。居民楼和别墅区域都装路灯，建草坪，种植观景树，设立物业管理机构。居民家庭购置多种家用电器。居室空间位置的选择、装修、设施和饰品风格各异。也有不少人到异地购房、建房，以满足自己在教育、文化、医疗、休闲等方面的需求。

**行**　1992年以前，人们出门大多骑自行车、三轮车、摩托车，乘汽车或自驾车，也有拉架子车、开拖拉机的。1992—2005年，通信业日益发达，出行者可以打电话到家或单位互相联络、互通情况。到2006年，摩托车、电动自行车越来越受广大居民的青睐。2010年以后，各式各样的汽车是方便居民出行的最佳交通工具。2018年，辖区居民出行极其方便，往返市区有公交车和出租车，出远门时，辖区内有北关汽车站和西关汽车站可供选择。

纯电动公交车　刘栓阳　摄

# 社会保障

2001 年以来，新建路街道全面实行和落实城镇居民最低生活保障制度，五保老人供养全部到位，军烈属、遗属、病残退伍军人优抚率 100%。下岗失业人员、“4050”人员（指处于劳动年龄段中女 40 岁以上、男 50 岁以上的，本人就业愿望迫切，但因自身就业条件较差，技能单一等原因，难以在劳动力市场竞争就业的劳动者。）安置率 90% 以上。2003 年 9 月，新建路街道成立劳动保障事务所，配置所长 1 人、工作人员 1 人。

## 救灾救济

2001 年后，对春荒冬令期间需要救济的、患有严重疾病而生活困难的、家庭发生临时变故的、外来人员临时求助的、发生自然灾害需要救助的家庭和个人等，新建路街道均给予救助。

## 低保扶贫

2009 年 10 月 1 日执行五保供应的发放标准为：集中供养对象每月 260 元，分散供养对象每月 156 元。经费全部打卡，发放到每一位五保老人手中。截至 2018 年，新建路街道共有五保户 4 户 4 人，其中北街 2 户 2 人，东关街 2 户 2 人，全部进行集中供养。

对于户籍在新建路街道，持有本地常住非农业户口，申请人家庭可核算的每月人均收入和实际生活水平低于辖区城市低保标准的，街道给予发放最低生活保障金。

新建路街道办事处为民服务中心为居民办理低保手续

## 社会保险

2007 年，新建路街道开始实施城镇居民医疗保险工作。历年参加医疗保险人数为：2007 年 1361 人，2008 年 4806 人，2009 年 7011 人，2010 年 7863 人，2011 年 8793 人，2012 年 9786 人，2013 年 10186 人，2014 年 10974 人，2015 年 10230 人，2016 年 6230 人，2017 年 10180 人，2018 年 15389 人。

2008 年，新建路街道开始实施城镇居民养老保险工作。历年参加养老保险人数为：2008 年 654 人，2009 年 316 人，2010 年 1140 人，2011 年 2480 人，2012 年 3150 人，2013 年 5098 人（续保 2730 人），2014 年 5364 人（续保 3000 人），2015 年 5630 人（续保 2500 人），2016 年 6230 人（续保 600 人），2017 年 6892 人（续保 662 人），2018 年 9081 人（续保 2189 人）。

社区为居民办理医疗保险　刘栓阳　摄

## 就业服务

2003—2007 年，辖区每年组织召开全民创业大会 3 场，援助特殊困难人员和下岗失业人员就业共计 5723 人次。每年免费专业技能培训 200 人，职业技能鉴定 50 人，援助零就业家庭 7 户；2008 年，开展免费培训 6 期共 280 人，办理再就业优惠证 65 人 / 次；2009 年，新增个体工商户 406 家，带动就业 616 人，树立创业典型 6 人；2010 年，安

元宵节期间，辖区举办招聘会，让群众在家门口实现就业

排首批 63 人到深圳富士康工作；2011 年 3 月，组织“送岗位、送政策、送技能、送服务”活动，企业现场招聘提供 530 个就业岗位；2012—2015 年，每年组织一批辖区内符合条件的劳动力到新郑港区工作；2016 年，新增城镇就业 1160 人。组织召开全民创业大会 3 场，援助特殊困难人员和下岗失业人员 258 人，6 个社区共安置 1000 人就业，带动 2500 人就业；2017 年，组织召开全民创业大会 3 场，援助特殊困难人员和下岗失业人员 380 人，6 个社区共安置 867 人就业，带动 1860 人就业；2018 年，召开全民创业大会 3 场，援助特殊困难人员和下岗失业人员 170 人，免费专业技能培训 143 人，新增城镇就业 789 人，组织辖区规模企业提供就业岗位 116 个。

# 党建政事

## 街道党工委

1956 年 12 月 1 日，新郑县将 15 个中心乡改建成 27 个乡（镇），辖区正式成立中共新郑县城关镇委员会；1958 年 8 月，人民公社化后实行乡社合一，城关镇并入城关公社；1962 年 1 月，恢复中共城关镇委员会；1974 年 2 月，并入中共城关公社党委会；1980 年 8 月，恢复中共城关镇委员会。2001 年 11 月，新郑市委撤销中共城关镇委员会，成立中共新建路街道工作委员会。中共新建路街道工作委员会设书记 1 名，主持街道党工委全面工作。设副书记 4 名，党工委委员 4 名。2013 年，增设 1 名副主任兼任党工委委员。同年，

北关街社区党群服务中心　刘栓阳　摄

南街社区党群服务中心　刘栓阳　摄

社区党员交流学习心得 刘栓阳 摄

重温入党誓词 刘栓阳 摄

黄帝故里景区管委会主任（副县级）兼任新建路街道党工委书记，另设党工委常务副书记1名（正科级），主持新建路街道党工委日常工作。根据工作需要，新建路街道党工委常务副书记与办事处主任兼任黄帝故里景区管委会党工委委员。

## 街道办事处

城关镇人民政府于1958年、1963年曾短暂从城关乡独立出来，后又并入城关乡。1966—1980年，由于“文化大革命”等原因，政府职能处于半停滞状态。1980年8月，恢复城关镇人民政府，从城关人民公社独立出来。2001年11月13日，新郑市撤销新郑市城关镇，成立新建路街道办事处。新建路街道办事处设主任1名（正科级），主持街道办事处全面工作，同时兼任新建路街道党工委副书记；设副主任4名，1名副主任兼任党工委委员。

## 人大工委、政协工委

城关镇人民代表大会成立于1954年7月，截至2001年11月，共召开11届人民代表大会。2001年11月，撤销城关镇，设立派出机构新建路街道办事处，原城关镇行政区域整体移交新建路街道办事处管辖，人大领导机构更名为新建路街道办事处人大工作委员会。2013 年 9 月，辖区成立新建路街道办事处政治协商工作委员会，负责办理好政协委员提出的议案、建议、批评和意见。

## 群团组织

**共青团** 2001 年 11 月，成立新建路街道共产主义青年团（简称共青团），设书记 1 人，正股级。街道团组织的主要工作是全面抓好团员青年的思想教育工作。街道团委积极开展各类健康有益的文娱活动，在每年元旦节、“三八”妇女节、“五四”青年节、“七一”建党节、国庆节等节日组织大型文艺活动，丰富青年的精神生活。

**妇女联合会** 2001 年 11 月，成立新建路街道妇女联合会（简称妇联），设主席 1 人，正股级。新建路街道妇联通过岗位练兵、技能培训等多种形式推动“巾帼文明岗”创建活动，培养树立“巾帼文明岗”典型、创业就业典型、巾帼手工示范基地，深入开展《妇女权益保障法》《婚姻法》等法律法规讲座和宣传，消除基层妇联组织建设空白点，始终保持街道、社区妇联组织组建率达 100%。

**新建路街道 2002—2018 年获得部分荣誉**

| 获奖时间 | 获奖名称 | 发奖机构 |
|---|---|---|
| 2002 年 9 月 | 第五次全国人口普查先进集体 | 河南省第五次人口普查领导小组办公室 |
| 2006 年 3 月 | 第一次全国经济普查工作省级先进集体 | 河南省人民政府第一次经济普查领导小组 |
| 2006 年 12 月 | 2006 年度省级卫生先进单位 | 河南省爱国卫生委员会 |
| 2011 年 1 月 | 河南省级卫生先进单位 | 河南省爱国卫生运动委员会 |
| 2011 年 12 月 | 河南省社区社会组织先进单位 | 河南省民间组织管理局 |
| 2012 年 2 月 | 先进基层人民武装部 | 河南省人民政府、省军区 |
| 2013 年 3 月 | 2012 年河南省民政系统社区管理先进单位 | 河南省民间组织管理局 |

# 基础设施

进入 21 世纪，新建路街道旧城区改造步伐加快，开始向现代化城区转变，基础设施建设日趋完善，公交线路逐渐增多。2012 年后，随着新型社区的兴起，其配套的供水、供电、供气、供暖、绿化及环卫等设施一应俱全。截至 2018 年，辖区集商贸、住宅、文旅于一体，塑造了现代化城区新形象。

# 街巷肌理

## 东关街

东关街位于新旧城区的接合部，西起步行街口（西与东街相通），东至新建路。因此街在老城东部的入口通道，故名东关街。全长150米，宽24米，始建于20世纪60年代，为砖渣路面；到20世纪80年代，改为沥青路面。

## 东　街

东街位于新郑市老城区，西起老城区的十字交叉口（东南西北街交叉口），东至步行街口，全长300米，宽15米，是老城区的四条主要干道之一。因此街在老城十字路口以东，故名东街。

东关街　刘栓阳　摄

东街　刘栓阳　摄

## 西　街

西街位于新郑市老城区，东起老城区的十字交叉口（东南西北街交叉口），西至阁老路交叉口，全长 320 米，宽 12 米，是老城区的 4 条主干道之一。因此街在老城十字口以西，故名西街。

## 南　街

南街位于新郑市老城区，北起老城区的十字交叉口（东南西北街交叉口），南至南环路，全长 260 米，宽 12 米，是老城区的 4 条主干道之一。因此街在老城十字口以南，故名南街。

南街　刘栓阳　摄

## 北　街

北街位于新郑市老城区，南起老城区的十字交叉口（东南西北街交叉口），北至百家姓广场，全长 280 米，宽 12 米，是老城区的 4 条主干道之一。因此街在老城十字口以北，故名北街。

## 迎宾街

迎宾街位于新郑北关，北起郑新路，南至繁荣街，总长 320 米，宽 30 米。因此街位于新郑市区北关口处，原为一条商业街，寓意为迎接宾朋之意而得名。此街以前为东城路的北段。2001 年，路中央设置的商铺大棚被拆除，改为正式通车车道。

## 繁荣街

繁荣街西起迎宾街，东跨新建路至文化路，全长 550 米，宽 30 米。其原为一条狭窄胡同，于 2000 年进行拆迁改造。因其西段以前为东城路商业街的一部分，也是通往步行街的要道，因寓意繁荣昌盛而得名。

迎宾街　刘栓阳　摄

## 步行街

步行街位于老城与新建城区交会地带，原为东城路的一部分，北起繁荣街，途经老城东门外，从老城南街大仓巷东口入新建路，全长 1260 米，1982 年开通，1986 年年底由 8 米拓宽至 30 米，土路面改为水泥路面，沿街建郑韩商场。2001 年，繁荣街至大仓巷口段改为步行街，为新郑市主要小商品市场所在地之一。

## 卧佛寺街

卧佛寺街西起卧佛寺塔，东至阁老路，全长 300 米，宽 6 米。其始建于 1995 年，因安居工程小区位于卧佛寺塔处，为弘扬历史文化而得名。

## 印台街

印台街东起文化路，西至新建路，位于炎黄广场西侧，是炎黄小区内的一条商业街，全长 300 米，宽 24 米。印台街始建于 2002 年，因街西段北侧为郑国时郑武公授印台遗址，为弘扬新郑历史文化而得名。

步行街 刘栓阳 摄

# 市政设施

## 城市道路

**人民路** 人民路位于新郑市中部，西起新建路，东至新港路，因新郑市人民政府驻此路，故名人民路。人民路是横穿市区的主要干道，全长 6.5 千米，宽 35 米，1956 年修筑；1958 年改为砖渣路面；1962 年改为沥青路面；1982 年拓宽成 17 米，人行道两侧各宽 9 米；1988—1989 年重新修筑，东起解放路，西至新建路；1993 年向东延伸到庆安路；2008 年向东延伸至新港路，修成西段宽 35 米，东段宽 25 米，柏油路面。

**新建路** 新建路位于新郑市区中西部，因其是城区东扩新建的第一条主干道，故名新建路。该路是市区通往郑州的主要干道，北接郑新路，南连郑许路，全长 2.29 千米，宽 30 米。该路始建于 1958 年；1967 年改为砖渣路面；1975—1976 年修筑成柏油路面；1988 年拓宽，设有快、慢车道和人行道；1993 年于此路南端建成一座高 30 米、宽 10 米的日月同辉塑像。

**文化路** 文化路位于市中心，原名苑陵路，因苑陵中学驻此路北段，故以学校命名；后因苑陵中学、实验小学和教师进修学校等均驻此，改名为文化路。此路南起金城路，北至黄水路，全长 2546 米，宽 20 米，柏油路面。1990 年，文化路南段新辟宽 20 米，与人民路、新华路相交叉，中段是市中心的炎黄广场。

人民路 刘[illegible]阳 摄

新建路 刘栓阳 摄

文化路 刘栓阳 摄

郑韩路 刘栓阳 摄

**洧水路** 洧水路位于市区中部，因双洎河上游古称洧水，为弘扬历史文化和还原自然风貌，故名洧水路。该路东起玉前路，西至新建路，柏油路面，全长 1550 米，宽 20 米，1990 年冬开始修建，1991 年 8 月竣工。

**郑韩路** 郑韩路位于新郑市市区北部，为弘扬郑韩故都文化，故名郑韩路。东起新建路，西至 107 国道，全长 1800 米，红线宽 50 米，柏油路面。该路 1990 年开始修筑；1991 年通车；1995 年新建水泥路面，与新郑路、107 国道相交叉。

**阁老路** 阁老路位于市区西部，因明代政治家高拱葬于城北郊阁老坟村，为纪念历史名人，故以此命名。南起新密路，北至郑韩路。该路从新密路到博物馆段以前俗称西环路，原为砖渣路面，1996 年铺为柏油路面。2003 年扩建后，该路全长 2700 米，宽 30 米。

**黄水路** 黄水路位于新建路至双拥路之间，因黄水河为新郑第三大河流，故名黄水路。该路现已修通到郑韩故城东墙外，与风苑路相接，1990 年建成，长 850 米，路面宽 20 米；1995 年再次修建，现全长 1440 米，宽 24 米，为柏油路面。

**南环路** 南环路位于新建路与新密路之间，因当时该路为外来车辆绕城公路，故名南环路。该路于 1992 年修建，全长 1000 米，宽 20 米，为柏油路面，是市区环城路。

南环路　刘栓阳　摄

**郑新路**　郑新路位于新郑市区北关，南起新建路、郑韩路、迎宾街三路交叉口，北至郑州，为豫联 10 线的郑州至新郑段，故称为郑新路。该路始建于 1966 年，后经多次拓宽改造；1998 年，从迎宾街口到新村大道段全面升级改造为双向八车道的城区道路，总长 3.2 千米，宽 50 米；2011 年 3 月至 2012 年 6 月，全面拓宽升级为郑新快速通道，同为双向八车道，设计时速 100 千米。

**轩辕路**　轩辕路位于轩辕故里南侧，为纪念轩辕黄帝，弘扬新郑历史文化，定名为轩辕路，西起国道 G107，东起新建路。1997 年该路拓宽改造，全长 1530 米，宽 24 米。

**褚庄路**　褚庄路毗邻褚庄村，故名褚庄路，北起郑韩路，南至轩辕路，始建于 2002 年，全长 600 米，宽 24 米。

**新密路**　新密路是新郑市区通往新密市的一条主要道路，故名新密路，东起阁老路、西街交汇处，西至辛店镇，通新密地界，全长 12.6 千米，宽 15 米。1991 年改建街道辖区西关段 1.8 千米，由四级路改建为城区快速路。

**滨河路**　因整条路都濒临双洎河，故名滨河路，南起新密路，西至国道 G107 西关汽车站南侧。该路始建于 1994 年，全长 500 米，宽 12 米。

郑新路　刘栓阳　摄

## 城市桥涵

**双洎河大桥**　双洎河大桥位于国道 G107 双洎河（古洧水）上。该桥 1979 年建成，结构为双曲拱，全长 216 米，宽度 17 米，跨径（2 孔 30 米）；2007 年 6 月，国道 G107 新郑段的 4 座桥重建，11 月 20 日竣工通车。桥面承重为 30 吨，设计时速为每小时 80 千米。

**西关大桥**　西关大桥位于市区西关双洎河（古洧水）上。该桥 1958 年始建，1960 年竣工，全长 121.2 米，跨径（每孔长 4 米），上部为钢筋混凝土矩形板，下部为钢筋混凝土灌注桩，桥面净宽 5.8 米，人行道 2×0.75 米；1995 年，大桥北扩 9 米，人行道 1.1 米。

**南关大桥**　南关大桥位于市区南关双洎河（古洧水）上。该桥 1966 年始建；1968 年竣工，全长 201.8 米，跨径（每孔长 6 米），上部为等截面倒悬链曲拱，下部为简单锥钻孔灌注桩，桥面净宽 7 米，人行道 2×0.75 米；1994 年，大桥东扩 8.9 米，人行道 1.1 米。

## 城市排水

**人民中路**　雨污合流，排水管道总长 2100 米，双向混凝土管，主管径 1000 毫米，横穿管径 500 毫米，共设雨水井 50 座，检查井 50 座。西段于文化路口向南入洧水路，向西入新建路。

双洎河大桥　刘栓阳　摄

西关大桥　刘栓阳　摄

南关大桥　刘栓阳　摄

**新华路**　雨污合流，排水管道总长 4100 米，双向混凝土管，主管径 800 毫米，横穿管径 500 毫米，共设雨水井 156 座，检查井 78 座。西段汇入新建路后排入双洎河。

**洧水路**　雨污合流，排水管道总长 1650 米，石砌单向暗道，主管径 1000 毫米 × 1000 毫米，横穿管径 300 毫米，共设雨水井 62 座，检查井 31 座。向西汇入新建路。

**黄水西路**　雨污合流，排水管道总长 1813 米，砖砌双向管道，主管径 600 毫米 × 1000 毫米，共设雨水井 10 座，检查井 5 座。主管自西向东汇入新建路排水主管。

**新建路**　雨污合流，排水管道总长 8200 米。污水为双向石砌暗道，长 4600 米，郑韩路至人民路区间砖砌明道 800 毫米 ×800 毫米；人民路口至洧水路区间为石砌明道 1000 毫米 ×1200 毫米；洧水路至南关桥区间，路西侧为石砌明道 1000 毫米 ×2000 毫米，东侧为暗道，共设雨水井 66 座，检查井 40 座。2002 年修建时，雨水为双向混凝土道，位于路中间。主管径：郑韩路口至黄水路为 600 毫米混凝土管，黄水路至人民路为 800 毫米混凝土管，人民路至洧水路为 1000 毫米混凝土管，共设置检查井 36 座，雨水支管径为 500 毫米混凝土管，主管自北向南排入双洎河。

**文化路** 雨污合流，排水管道总长 1922 米。文化北路为双向砖砌暗道，长 842 米，主管径 800 毫米 ×1000 毫米，设雨水井 30 座；文化中路、文化南路为单向混凝土管，长 1080 米，主管径 1000 毫米，设雨水井 36 座，检查井 22 座，支管径 300 毫米。主管自北向南分别汇入人民路、洧水路，经新建路排入双洎河，文化南路自南向北汇入新华路主管道排入双洎河。

**南环路** 雨污合流，排水管道长 1050 米，石砌单向暗道，主管径 1300 毫米 ×1200 毫米，支管径 500 毫米，设雨水井 22 座。主管向东汇入新建路主管，向西排入双洎河。

**西环路** 雨污合流，排水管道长 1000 米，石砌双向暗道，主管径 1000 毫米 ×1000 毫米，设雨水井 12 座。主管自北向南排入双洎河。

**西 街** 雨污合流，排水管道长 500 米，砖砌双向明道，主管径 600 毫米 ×800 毫米。主管自东向西排入双洎河。

**东 街** 雨污合流，排水管道长 200 米，砖砌双向明道，主管径 600 毫米 ×800 毫米。主管自东向西排入步行街主管。

**北 街** 雨污合流，排水管道长 450 米，双向混凝土管，主管径 500 毫米。主管自南向北汇入黄水西路主管。

**南 街** 雨污合流，排水管道长 550 米，双向混凝土管，主管径 500 毫米。主管自北向南汇入南环路主管。

**阁老路** 雨污合流，排水管道长 1170 米，单向混凝土管，主管径 800 毫米，支管径 300 毫米，设雨水井 39 座，检查井 23 座。主管走向以小区为界向东汇入西环路主管，向西排入双洎河。

**郑韩路** 雨污合流，排水管道长 4060 米，双向混凝土管，主管径 1000 毫米，支管径 500 毫米，设雨水井 180 座，检查井 90 座。主管向东汇入新建路主管，向西汇入阁老路主管。

**郑许路** 雨污合流，排水管道长 4720 米，双向混凝土管，主管径 1000 毫米，设雨水井 94 座。主管自南向北排入双洎河。

**步行街** 雨污分流，排水管道长 6208 米。污水管长 3400 米，双向砖砌暗道，主管径 1000 毫米 ×1500 毫米，设雨水井 113 座。雨水管长 2808 米，东关街以北为双侧混凝土管，主管径 800 毫米，长 2200 米，检查井 44 座；东关街以南为单向混凝土管，位于中间，主管径 1500 毫米，长 608 米，设检查井 24 座。主管走向以黄水西路为界，步行街北段汇入黄水西路主管，南段自北向南汇入新建路主管。

**迎宾大道** 雨污分流，排水管道长 1760 米。污水管长 880 米，双向砖砌暗道，主管径 1000 毫米 ×1500 毫米，设雨水井 17 座；雨水管长 880 米，双向混凝土管，主管径 600 毫米，设检查井 17 座。主管自北向南汇入繁荣街主管。

**繁荣街** 雨污分流，排水管道长 1760 米。污水管长 840 米，双向砖砌暗道，主管径 800 毫米 ×1000 毫米，设雨水井 17 座；雨水管长 840 米，双向混凝土管，主管径 600 毫米，设检查井 16 座。主管自西向东汇入新建路主管。

# 公用设施

## 公共交通

2018 年，境内基本形成以城区为中心，辐射乡村、干支相连、四通八达、方便快捷、管理规范的公交客运网络。

**途经新建路街道的公交线路**

| 车次 | 线路 | 车次 | 线路 |
|---|---|---|---|
| 1 路 | 新郑火车站至西关 | 11 路 | 新郑汽车站至范河 |
| 2 路 | 新郑汽车站至龙王 | 16 路 | 新郑汽车站至古枣园 |
| 3 路 | 新郑汽车站至关口 | 18 路 | 新郑汽车站至城后马 |
| 4 路 | 新郑汽车站至具茨山 | 101 路 | 新郑西关至新郑一中 |
| 6 路 | 新郑汽车站至孟庄 | 102 路 | 新郑汽车站至芦家桥 |
| 7 路 | 新郑汽车站至岳口 | 108 路 | 新郑汽车站至宋庄 |
| 9 路 | 新郑火车站至双楼 | 201 路 | 新郑汽车站至华信新校区 |
| 10 路 | 新郑汽车站至机场 | | |

## 供　水

1991 年，建立新郑水厂；1993 年，建立望京楼水源站；1993 年，辖区共有 11 眼机井并网投入使用，供水范围进一步扩大到和庄镇，基本解决城区人口饮水问题；1994 年，西街铺设 PVC 供水管道 600 米，轩辕故里景区铺设直径 200~400 毫米管道 2000 米；1997 年 4 月，对老城区供水管道进行管径放大改造，东关街、向阳街、南街、北街等处改造管道 1500 米，管径 DN150~300 毫米不等，对郑新路输水管道改造 DN400 毫米共 960 米；2001 年，对步行街供水管道进行改造（管材为直径 200 毫米），长度 1400 米。截至 2018 年，街道辖区有西街水源站 1 座，各类阀门井共 224 座，各社区居民全部用上了自来水。

## 供　电

2001—2018 年，新建路街道主要由毛园供电所和城关供电所供电。毛园供电所有 3 条 22 万千伏变电站，以 10 千伏线路供应文化路以西、迎宾街以东区域；城关供电站有一条 11 万千伏变电站，以 10 千伏线路供应迎宾街以西、双洎河以东区域。

辖区电网维护　刘栓阳　摄

## 供　气

20 世纪 80 年代初，开始供应罐装液化气。液化气方便快捷，用户渐渐增多，到 20 世纪 90 年代已逐渐普及。2002 年，新郑燃气公司成立，2003 年年底，辖区天然气主管网铺设基本完成；截至 2018 年，新建路街道绝大部分居民用上管道天然气，罐装液化气已逐步被淘汰。

新郑西关发电站（1963 年 8 月）

### 供 热

20 世纪 90 年代初，供热以小火炉和小锅炉为主，每到采暖期，就会造成严重污染。西关火电厂将发电机组产生的余热用于周围部分居民取暖，难以形成规模。2000 年 8 月，新郑市集中供热有限公司成立。2003 年年底，集中供热管网建设基本完成。截至 2018 年，新建路街道有 96% 的居民用上了集中供暖设备。

## 园林绿化

### 广场游园

**中华姓氏广场** 黄帝故里景区门前广场原名轩辕广场，2008 年更名为中华姓氏广场，面积由原来的 7000 平方米扩建成 17000 平方米，将景区内鼎坛移至百家姓广场，放至广场靠南三分之一处。鼎坛高 9 米，底座为 35 米 ×35 米，坛面为 21 米 ×21 米，台阶共分为 3 层 15 阶。黄帝宝鼎高 6.99 米，鼎口直径 4.7 米，腹深 2.8 米，耳高 1.5 米，足高 2.8 米，重 24 吨，鼎腹饰九龙，首顶艳阳火球，口倾水纹，造型庄严、凝重、大气，被誉为“天下第一鼎”。坐落在新郑百家姓广场上的“中华姓氏墙”有 6 面，分别矗立在广场的南侧，

中华姓氏广场

每面墙上有数百个姓氏，依次按照字母顺序排列。抽象的祥云纹路散布广场之中，喻意“踩祥云之上，观百家姓，唱和谐歌，畅想民族腾飞之未来”。这一亚洲最大的姓氏广场成为群众拜祖的主要场所。大典时，百家姓方阵群众身着姓氏标志的服装参拜祖先。中华姓氏广场周围种植了水杉，共计 960 棵，象征中国 960 万平方千米的土地。

**高拱园** 高拱园位于新郑市黄水路中段南侧，面积 2900 平方米，以新郑人明朝首辅高拱命名，主要种植雪松、白玉兰、冬青等花木。游园的入口处立有景石，铭刻“高拱园”，游园内景墙上面雕刻着高拱简介。园中树池和座椅及健身器材为市民的休闲健身提供了方便。

**弦高园** 弦高园位于新郑市新建路交通局东侧，面积 2665 平方米，以春秋时期新郑人弦高的名字命名。园内设计利用现有高差和土方营造层叠的景观空间；通过退秦师连环画情景墙及退秦师亭体现弦高退秦师的史实；通过栈桥的处理增强园林的情趣和韵味。

**嫘祖园** 嫘祖园位于新郑市新建北路与郑新路交会处东，面积 1500 平方米。公园正中是一个正八边形的花坛，公园最深处有一道休闲长廊。据传嫘祖为黄帝正妃，发明了养蚕制衣，史称“嫘祖始蚕”，游园以此命名。

**东关口游园** 东关口游园位于人民路与商业步行街东南角，占地 3720 平方米，投资 130 万元，主要种植有高杆红叶石楠、朴树、雪松等花木。

**西大街游园** 西大街游园位于阁老路和人民路东北角，占地 2700 平方米，投资 120 万元，主要种植有造型油松、五角枫、白蜡树等花木。

东关口游园 刘栓阳 摄

西大街游园 刘栓阳 摄

北街游园 刘栓阳 摄

**北街游园** 北街游园位于阁老路与郑花巷路口西边，占地 1876 平方米，投资 66 万元，主要种植有大叶女贞、乌桕、樱花等花木。

## 绿 化

2004 年，街道累计投资 40 万元，开展“生态新郑”建设，栽种速生杨 2 公顷，松树、白蜡、大叶女贞、丰花月季共 0.67 公顷，补栽行道树 3000 多棵；完成西街街心花园的公共绿地建设，绿化面积 1000 余平方米。辖区居民小区绿化面积达 30%以上，居民绿化美化达标户 300 余户。

生态廊道 刘栓阳 摄

2005 年，建成宏基花园、丽都花园、故里新村 3 个绿化达标居民小区，建成新建路街道办事处、新郑博物馆、新郑交通局、新郑水利局 4 个绿化达标单位，栽植丰花月季 7 万余株。

2006 年，综合整治沿街道路环境 5 千米，新植树木 4000 余棵，摆放鲜花 8000 余盆。

社区公共绿地　刘栓阳　摄

河岸生态修复——双洎河七孔桥

2008年，投入2.6万元购买刺柏150棵和鲜花1800盆，对郑韩路行道树缺失进行补栽，美化街景。

2009年，组织环卫工人对辖区的行道树进行刷白，对街心花园、绿篱进行修整，在人民路口、仿古街口、西关腾飞像摆放鲜花6000余盆。

2010年，在黄帝故里景区周边栽行道树460棵，修整街心花园、绿篱16处，在人民路口、仿古街口、西关腾飞像摆放鲜花15000盆，为拜祖大典的举办营造了良好的氛围。

2016年，绿化、硬化覆盖面积3万平方米。

2018年，绿化黄土裸露地段面积3600余平方米，对绿篱、行道树及时修剪，清除绿化带内的杂草、杂物及垃圾，环境面貌明显改善。

河岸生态修复——双洎河及湖心岛

# 黄帝故里

LOCAL RECORDS OF XINJIANLU

轩辕故里祠

# 轩辕故里祠

西汉年间，为纪念黄帝功德，人们在轩辕丘附近建造轩辕故里祠，此后历代都有修复。明隆庆四年（1570 年），在祠前建轩辕桥。清康熙五十四年（1715 年），祠前立“轩辕故里”碑。清乾隆二十九年（1764 年），重新修葺。《重修大碑殿记》记述：“古传，郑邑为轩辕氏旧墟，行在北有轩辕丘遗迹，乃当年故址。”清乾隆四十七年（1782 年）《重修玉帝殿记》记述：“吾邑固为黄帝之故墟也。”

1990 年后新郑县人民政府重新修葺，被评为河南省重点文物保护单位。2002 年，在原轩辕故里祠基础上进行扩建，易名为“黄帝故里景区”。扩建后景区面积 4.3 万平方米，由祠前区、轩辕故里祠区、黄帝宝鼎坛区和轩辕丘与黄帝纪念馆区组成。祠前区东西宽 80 米，南北长 100 米，占地约 8000 平方米，由南向北依次设置黄帝故里景区扩建碑、第一石坊、乾坤浮雕盘、第二石坊、轩辕桥与姬水河、中华第一石碑、轩辕黄帝之碑和黄帝故里碑等。于轩辕故里祠两侧建竹林园与通道。2003 年，轩辕故里祠被评为全国重点文物保护单位。2008 年，黄帝故里景区升级为 AAAA 级景区。

目前，黄帝故里景区是国务院确定的全国重点文物保护单位、全国侨联爱国主义教育基地、海峡两岸文化交流基地、国家级服务业标准化试点单位、省级文明景区。

轩辕故里祠

# 拜祖大典

## 大典由来

黄帝是中华民族的人文始祖，认祖归宗、寻根求源是中华民族的文化传统。在农历三月初三朝拜轩辕黄帝古来有之，最早拜谒轩辕黄帝始于黄帝时期，古本《竹书纪年》记载：黄帝崩，其臣左彻者，削木为像，帅诸侯朝奉之。其后形成农历三月初三“盛世官拜、乱世民办”的习俗，唐代以后渐成规制，盛世时由官方主拜，乱世时由民间自办，绵延至今。黄帝故里拜祖大典前身为新郑市炎黄文化旅游节，1992 年开始，新郑市在农历三月初三连续 12 年举办以寻根拜祖为核心内容的“炎黄文化旅游节”。21 世纪以来，中央高度重视文化建设，河南省也确定了建立文化强省的战略目标。2005 年炎黄文化旅游节升级为郑州市政府主办，同年 9 月，河南省提出，要打好黄帝文化牌，以黄帝故里开发和举办拜祖大典为突破口，加快推进河南由文化资源大省向文化强省转变。2006 年年初，省委成立黄帝故里拜祖大典河南省组委会，正式确立自当年起拜祖大典升级为省级（省政协）主办。此后，又逐步发展为由河南省政府、河南省政协、中华炎黄文化研究会、中国侨联、中国台联、国侨办联合主办，郑州市人民政府、新郑市人民政府承办的格局。

己亥年黄帝故里拜祖大典（2019） 刘栓阳 摄

## 大典概况

2006—2009 年，拜祖大典主题各不相同，2010 年，经省委研究，确定大典主题固化为“同根同祖同源，和平和睦和谐”。每年被邀请到拜祖大典现场参加拜祖的人员以“重在高规格、重在代表性、重在影响力”的原则确定，主要为国家领导人、台湾地区政要、主办单位领导，海内外华人华侨领袖，以及在国内和国际上有重要影响的优秀华人代表参加拜祖大典。总体规模约 1 万人。大典期间，除了拜祖，河南省、郑州市和新郑市还组织开展了以省政府牵头的投资贸易洽谈会、由省委宣传部牵头的中原文化活动周、以中华炎黄文化研究会主办的黄帝文化国际论坛，以及其他书画展、微电影大赛等系列活动。

## 大典成效

大典举办以来，始终紧扣新时代、新要求，进一步突出政治、经济、文化、社会等功能，显著增强了大典的全球影响力、凝聚力、感召力，持续巩固了郑州“世界华人共同精神家园”的地位，有效传播了中华优秀传统文化，更加强化了全球华人实现中华民族伟大复兴的中国梦的文化和情感基础，有力助推了“一带一路”和“人类命运共同体”建设，对促进中原崛起和郑州国家中心城市建设发挥了积极作用。

## 大典仪程

新郑黄帝故里拜祖大典是以祭拜始祖黄帝为内容的民间传统祭祀活动和民间传统文化活动，有公拜和民拜两种形式。

公拜的内容和仪式，历史文献记载不详。1992 年以来举办的 27 届拜祖大典一般在黄帝故里祠举行，也有在具茨山（今始祖山）风后顶轩辕庙前举办，参加人员一般是主办、承办单位主要领导、社会各界代表，并邀请国家和其他省区、地市、县区有关领导以及海外华人、华裔、社团组织、姓氏宗亲会代表参加。1992 年起由新郑市政府主办，2005 年为郑州市政府主办，2006 年起改称为黄帝故里拜祖大典。主司仪由主办单位负责人担任，拜祖大典定为每年的农历三月初三上午 9 时 50 分准时举行，寓意黄帝至高无上，九五之尊。

按照“严谨、庄重、震撼、共鸣”的原则，形成的仪程有 9 项，分别是：盛世礼炮，全体肃立，鸣炮 21 响（国际通用惯例）；敬献花篮，由国家领导人、主办单位代表、承

盛世礼炮　刘栓阳　摄

办单位主要领导向黄帝敬献花篮；净手上香，台湾地区政要、港澳特首代表，以及工商企业界、海内外华裔、华侨社团组织的高层向黄帝上香；高唱颂歌，邀请国内知名歌唱家领唱《黄帝颂》，在拜祖舞台、祈福台两个分场由 300 名演员合唱；恭读拜文，由国家领导人在拜祖舞台上恭读拜祖文；行施拜礼，参加大典的全体嘉宾面向黄帝三鞠躬；乐舞敬拜，组织 30 余名歌舞演员在舞台上载歌载舞；祈福中华，参加拜祖大典的各民主党派负责人、感动中国年度人物、全国道德模范、梅花奖获得者、兰亭奖获得者等各界优秀代表，在祈福树下悬挂祈福牌，为祖国繁荣昌盛祈福；天地人和，参加祈福中华的嘉宾在拜祖舞台上

敬献花篮 刘栓阳 摄

净手上香

敬奉的拜祖文长卷上盖章，4 名来自港澳台、内地以及国外的少年手捧和平鸽在拜祖台放飞，之后金龙吐水、彩带飞舞、群鸽翱翔，主司仪宣布大典告成。

这一仪程于 2008 年被国务院评为国家级非物质文化遗产，这是在国家层面上对拜祖大典的肯定，也是在文化层面对大典内涵的认可。

新郑民间拜祖活动史记不详，但从“三月三，拜轩辕”等广为流传的民谚中看出，民拜黄帝习俗久远。据具茨山和轩辕故里祠附近的长者回忆，每年农历三月初三，两处拜祖香火极盛，庙会热烈隆重，来自周边县、省数以万计群众，或祈求保佑，或祈求雨水，或

高唱颂歌　刘栓阳　摄

恭读拜文

答谢还愿，一路焚香燃表，祭拜黄帝。古代民间拜祖形式和仪式也十分讲究并有传统规矩，本地或周边县市的民众拜祖活动，一般是以村为单位或以庙会为营。拜祖队伍少则几十人，多则数百人，其队伍阵容大气壮观，前面由会首或主持人举着令旗，接着是两面全锣旨示开道，后面是8面牌（回避、肃静牌，龙、狮、虎头牌，金瓜、岳斧、朝天登牌），其后是两红两黄4顶大伞，后跟着青龙、黄龙、狮子舞等民间文艺队，接下来是大铜器乐队，最后是拜祖的乡民，抬着全猪、全羊、水果、糕点等供品和香裱等祭品，队伍两旁还有龙旗队，威风凛凛，浩浩荡荡，以示对始祖黄帝的尊崇。到达拜祖现场后，其拜祖程序是：主持人（司仪）在庙前摆上供品，先上香，再跪拜三叩首，然后肃立祈祷，而后拜祖队伍按照龙狮在中间，牌、伞、乐队分站两侧，众乡亲在后整齐排列，由司仪指挥大家齐行鞠

行施拜礼　李伟彬　摄

乐舞敬拜

祈福中华

躬礼三下，舞龙、舞狮演员执道具也行施三叩首礼。拜祖后，三声铳响，燃放鞭炮，龙狮齐舞，大铜器、唢呐同奏，以娱祖先，然后众乡民自行到庙里焚香燃裱祈祷。除集体拜祖外，一些来自远方的香客大多提前几天来到庙里或附近村庄住下，到三月初三这天再去拜祖上香。古时民间还有“上桥布”的习俗，由于路途遥远，一些乡民在家制一黄布条幅，把不能前往拜祖的人的名字写在桥布上，由同乡人带来，到黄帝庙拜祖时，少则七八人，多则几十人，整齐排队，头顶桥布，绕黄帝庙转三圈，以表达对始祖的敬意。几年前一个韩国的拜祖团，曾以“上桥布”这一民间拜祖方式来拜黄帝。

与拜祖活动相关的习俗还有三月初三上具茨山采药、求药习俗。具茨山上有草药100多种，相传三月初三所得有特殊功效。

天地人和　董亮　摄

# 郑韩故城

公元前 770 年，周平王将国都东迁至洛阳，史称东周。郑国随着周朝东迁，也从陕西榆林迁到洛阳以东，灭虢国、郐国，在此建都，为区别在陕西的旧郑国，取名新郑；公元前 375 年，韩灭郑，从阳翟（今河南省禹州市）迁都新郑。

春秋时期，郑氏三公（桓公、武公、庄公）开疆拓土，建国立业，小霸于春秋时期；郑相子产“作封洫”“定丘赋”“铸刑鼎”“立乡校”，执政 20 余年，使郑国达到“道不拾遗，夜不闭户”的鼎盛。战国时期，韩昭侯任申不害为相，以“法”治国，以“术”治臣，建立官吏的任免考课制度，使韩国跻身战国七雄之列。至公元前 230 年秦灭韩，郑、韩两国先后在新郑建都达 539 年之久，所留下的都城遗址后世称为郑韩故城。

## 古城遗址

郑韩故城位于今新郑市区周围，双洎河（古洧水）与黄水河（古溱水）交汇处，平面呈不规则三角形，城垣周长 20 千米，城内面积 16 平方千米。郑韩故城内文物遗迹星罗棋布，目前发现城门遗址 4 处，在城内南北走向有一隔城墙，把故城分为东、西两城。西城内分布有韩国宫城和宫殿区、缫丝作坊遗址；东城内分布有郑国宫庙遗址、祭祀遗址、铸铜遗址和韩国铸铁、制骨、制玉、制陶等多处遗址。故城内外有郑、韩两国贵族墓地多处，其中大型韩王陵墓群 12 处。平民墓葬区主要分布在城东黄水河东岸、城南和城西双洎河西岸一带，城北有极少墓葬。

郑韩故城老照片

## 古　城

1996 年 9—10 月，郑国祭祀遗址发掘出土 348 件青铜礼乐器和 45 座殉马坑，震惊世人，荣获当年全国十大考古新发现之一。郑韩故城的布局体现了当时东周列国都城的典型模式，交通便利，商业发达，是当时天下名都，亦是目前世界上同一时期保存最完整、城墙最高、面积最大的古城。

郑韩故城呈不规则长方形，东西长约 5000 米，南北宽约 4500 米，城墙高 10 米左右，最高达 16 米，基宽 40~60 米，顶宽 2~5 米，周长 19 千米，面积 22 平方千米。城墙用夯土筑成，上部为韩国时增高加宽，下部为郑国城基。城分西城区和东城区。西城为主城区，平面呈南北长方形，北城墙长约 2400 米，南北长约 4300 米，面积约 10.3 平方千米。东城为外廓城，平面呈不规则的矩形，北墙长约 1800 米，东墙长约 5100 米，南墙部分墙基埋于地下，面积约 9.2 平方千米。整个城坐西朝东。西城区主要居住着郑韩二国贵族，发现有大型宫殿遗址、缫丝作坊、地下窖藏阴凌井、郑君子婴大墓和韩国宗庙遗址，出土有韩国太庙巨型无字祖石碑。东城区为居民、军队居住区和手工业区，发掘有郑国的大型社稷遗址和宗庙遗址，出土大批青铜礼乐器、殉马坑，有铸铜、铸铁、制玉、制骨等作坊遗

郑韩故城俯瞰　刘栓阳　摄

郑韩故城遗址发掘现场

址。1996—2001年，在东城区南部端湾一带，发现中型以上郑国贵族墓300多座，其中一座中字形贵族墓室长达45米，宽14米，三棺二椁，陪葬金、玉、陶、木、革，大小马车7辆之多。在东北部发掘出一处东周20万平方米的制陶作坊遗址。另外在郑韩故城西部、南部有22座韩国王室陵墓遗存。其他还有庄公望母台、梳妆台、授印台、积粟台、宣圣台等。该城其规模仅秦都咸阳、楚国郢都可比。春秋战国时期居列国中心地区，控扼四方，通达八衢，兼容列国先进文化，为中原政治、军事、经济、文化和最大的商业都会之一。1961年，郑韩故城被国务院首批评为全国重点文物保护单位；1987年，被河南省政府评为河南省历史文化名城；2001年，被评为中国20世纪100项考古大发现之一；被评为20世纪河南10项重大考古发现之一。

## 宫 殿

郑韩宫殿遗址位于郑韩故城西城区。郑韩故城是由东西城相连的一座古城。西城为内城，东城为外廓城，此城以周公制定的成周城格局而建，西城主要居住着王室贵族。20世纪60年代，考古发现郑国宫城区，并划定其保护范围。1977年，考古发现在西城中部有大量的夯土基址，大者上万平方米，小者上千平方米，现存地上夯土基址南北长 135 米，东西宽 80 米。《郑韩故城在我国古城中的地位》中记述，郑国的周庙、大宫、西宫、北宫均在于此。1995 年，在西城区修建郑韩路，考古发现韩国宫殿区，其西围墙在“梳妆台”遗址西 100 米处，南到褚庄村内，北抵故城墙；东围墙在阁老坟村东约 100 米处，南至城关北街，北至故城墙；南围墙尚未找到，大约在今褚庄至北街花园村新区一线，为长方形，东西宽 600 米，南北长约 1000 米。在该宫殿区的中心地带，今新建路街道辖区内的新郑博物馆北侧 50 米处，西城区中部发现一座“小城”，平面呈长方形，东西长约 500 米，南北长约 320 米，墙基宽 10~15 米，用夯土筑成，西垣和北垣有城门。在“小城”内中部偏北有一处大型夯土建筑基址，南北长约 133 米，东西长约 96 米。此时韩国的内城已由坐西向东转变为坐北朝南，主宫殿在宗庙以南，较之洛阳城坐北朝南要早 300 多年。

## 郑国宗庙遗址

郑国宗庙遗址位于郑韩故城西城前方“左”侧，外廓城的西北部，今新郑市府后院以北，黄水路以南，新郑一中操场以东，中华路以西，分布范围约 4 万平方米。1984—1988 年，河南省文物研究所新郑工作站为配合城市建设，在此区域发现了春秋时期密集的建筑群。1988 年，在遗址东北部发掘出一段残夯基，东西残长 30 余米，南北残宽 20 余米，在房基南部保留有 4 个较大的磉墩（柱基）。夯基以南清理出两个祭祀坑，一坑埋马一匹，另一坑埋猪一头。1991 年，又在西面发掘出东周灰坑水井一批，春秋残夯基一处。在夯基的西南部又有 5 个小型祭祀坑，一个长方形大坑居中，另 4 个小坑呈半包围状围绕着大坑。大坑放置有牛骨和猪骨，小坑中放有猪骨，这些都应是祭肉腐烂后骨骼的遗留。这处遗址正好与社稷遗址对峙，又有宫殿类建筑，当是郑国宗庙遗存。

## 郑国社稷遗址

郑国社稷遗址位于郑韩故城西城前方“右”侧，今金城路中段以北、新华路中段、文化路以东范围内。1993 年 6 月，在金城路中段首次发现青铜礼乐器坑和殉马坑，出土青铜礼乐器 60 余件，其中 1 号坑出土 7 鼎、5 簋、5 鬲、2 方壶、1 圆壶、1 鉴、1 豆，共 22 件。2 号坑出土编钟 24 件，其中镈钟 1 套 4 件，2 套钮钟 20 件。3 号坑出土青铜礼器 6 鼎、4 簋、

4 鬲及鉴、豆各 1 件。在 3 座礼乐器坑的附近还清理出 3 座殉马坑。1994 年 10 月至 1995 年 3 月，在东城中南部的新郑市信用社基建工地的发掘中，清理出郑国青铜礼乐器坑 6 座，其中 1 号坑出土鼎、簋、鬲、方壶、圆壶、鉴、豆，共 31 件。2~5 号坑均在历史上遭盗掘，获鬲 2 件。该遗址共出土青铜礼乐器 57 件。另外发现殉马坑 56 座。1996 年 9 月至 1998 年 10 月，又在今新华路中段南侧中国银行新郑支行基建工地发现大规模的祭祀遗址，发掘面积 8000 平方米，出土青铜礼乐器等 348 件，其中有青铜礼乐器坑 8 座，清理青铜礼器坑 5 座，出土郑国青铜礼器 142 件，其中鼎 45 件、簋 32 件、鬲 45 件、方壶 8 件、圆壶 4 件及鉴、豆各 4 件。乐器共 211 件，其中青铜编钟 206 枚，另有陶埙 5 件。有 8 座坑内编钟都是分三排放置，而且编钟都悬在木梁上，与之同出的编钟架式样各异，有蝴蝶形、扇形和长方形数种。悬钟的木梁有的加装饰板，雕饰云纹和云龙纹，钟架多经髹漆；有的涂有朱砂。编钟以丝绸包裹，然后按套、大小错递悬于木梁，放于坑中，再覆以苇席。在 7 号坑中还发现击钟的木槌。已清出的编钟多经调音。陶埙 3 件为三音孔，两件为四音孔，可能是作编钟定音或合奏之用。同时发现的 45 座殉马坑，每坑殉马多则 4 匹，少则 1~2 匹。从马骨保存现状可知，是分多次延续较长时间埋入的。连续发现的青铜礼乐器坑排列有序，伴随大量的马匹做牺牲。此处遗址仅发现有与礼乐器坑同时的夯筑围墙墙基，这是一处社稷祭祀的场所。大批马匹做牺牲与古文献中的社稷位置和社稷祭祀用牲相符。三处遗址，合一国三社礼制。这三处遗址均未发现宗庙建筑特征，当是社稷遗址。而社稷祭祀遗址位于“右”的方位，正合《周礼·考工记》“左宗庙，右社稷”的记载。

## 韩国宗庙遗址

“无字碑”的出土是于 1997 年 8 月在新郑市区郑韩故城宫殿区内发现的。当时他们在这里开了 10 米 ×10 米的探方 29 个，大小深沟 21 条，发掘面积 3238 平方米，发现古代墓葬、储水井、下水道、宫殿、道路等文物遗迹，并在一处古代宫殿的夯土层发现一通“无字碑”。“无字碑”整体呈圭形，顶端像匕首一样尖，上半部一边一只耳朵，下半部中间有一穿孔，质地是灰色砂岩，正反两面上部都磨得很光。它全长 3.26 米，宽 0.45 米，厚 0.26 米。我国有关专家和学者对“无字碑”进行了大量考证研究，他们从石碑的形制，现场发现的祭品、青铜壶，结合《礼记》《仪礼》等古代文献关于太庙大碑的记载判断，此碑应是战国时期韩国太庙所立之碑，为稀世珍品。此碑被许多考古学家称为“华夏第一碑”，比我国早先发现的汉代石碑，还要前推数百年。根据韩国宗庙遗址位置，考古工作者推测古韩国的社稷当在韩国宫城区的偏西北，今褚庄村一带。

## 郑王陵博物馆

郑王陵博物馆，俗称“车马坑”，位于郑韩故城东城区西南部仓城村西，今新郑市区文化路南端，为春秋时期郑国王族家族墓地，属全国重点文物保护单位。郑王陵博物馆是郑韩故城遗址的重要区域，留下了丰富的遗迹遗物。据文物部门勘探，该区域南北长 650 米，东西宽约 410 米，面积 26.6 万平方米，发现有大墓 3000 多座，车马坑 23 座，其中有特大墓 4 座，大中型墓 14 座。已发掘特大墓 2 座，其中一座南北长 25 米、东西宽 21 米、深 7.1 米，墓室长 10 米、宽 6.5 米、深 8 米，葬具为三重厚椁，出土大量铁器、铜器、玉器、骨器等，是一座春秋中晚期郑国国君墓葬。郑国 22 位国君中的大部分安葬于此。它为研究中国的礼制，古代发展史中用车制度、车马平制等重要领域提供了珍贵的史证资料，是一座集文物保护、文物展示、文物研究、寻根朝圣、生态旅游于一体的 AAA 级文物景区。

2017 年 2 月 6 日，郑国车马坑 3 号坑考古发掘举行启动仪式。此次发掘的 3 号车马坑位于郑公大墓西侧，属郑公大墓的陪葬坑，南北长 12 米，东西宽 11 米，发掘过程历时 6 个月，全部向公众开放，尚属河南省首次。

郑韩故城车马坑发掘　王颂　摄

郑国车马坑　刘栓阳　摄

# 李家楼郑公大墓

李家楼遗址，其东侧是原老城南街的菜园子——“南菜洼”，西侧是南大街，南侧是新建的惠济门城墙，北边临古老的乔家胡同。民国十二年（1923 年）8 月，新郑南街绅士李锐雇工在宅内掘井，25 日傍晚得青铜彝器 4 件。李命雇工昼夜兼挖，又得器物 20 多件。消息很快传遍全城，往观者络绎不绝。9 月 1 日，驻郑州的吴佩孚部第 14 师师长靳云鹗视察防务途经新郑，认为古物出土关系国粹，保存的责任应归国家，即命副官陈国昌会同县知事姚延锦对李锐晓之以理，提取所得文物，并派 54 团 9 连官兵监护现场。同时，分别电告驻节洛阳的吴佩孚和河南监理张福来，听候裁处。

9 月 2 日，靳云鹗命继续发掘，雇工 200 余人；命副官陈国昌、参谋王灿章、稽查赵辅卿会同县知事姚延锦、教育会长高粱等亲临现场监督。9 月 3—4 日又得文物 49 件：鼎 6、大钟 4、小钟 17、方尊 4、敦 4、簠 4、壶 2、簋 2；罍、洗、匜、盘各 1；方盘 1、圆盘 1，碎铜片 540 片。9 月 6 日，在原井周围又挖数井，井底互通，务期搜尽。7 日得：彝 1、

新郑郑韩故城出土编钟

炉3、铜鹤壶2；铜猫、铜人、洗、尊盖各1。8日，在东北处新井得：盘1、猫形长罐1、簠1、椭圆形盒1；东南处新井得椭圆形盒1。11日得簠1。12日得：簠、盘、椭圆形盒、香炉各1。14日得：虺耳盘、螭首匜、夔耳簋、螭耳舟、纺纹盒、铜铃各1；铜环青镇4、玉片2、玉块1、环纹玉1、贝币7、蟠虺熏炉盖1、碎铜片5。18日得：玉块2、贝片4、贝币325、箭头1、戈头1、碎铜片17。19日得：蟠虺钟1、蝉纹仗镦1；周陶豆、破秦瓦当、宋黄青瓷碗各1。自8月25日发掘至10月5日填平发掘坑，历时40天，发掘面积110多平方米。计得完好文物133件，碎铜片和贝币733枚（片）。其中秦瓦当、宋碗，发掘土层不一致，器物年代不一。以上文物分批着专人押运郑州师部，逐件造册登记，并请有识者进行鉴定整理。

新郑发现大批东周珍贵文物消息传出后，全国各地报社纷纷派出记者前来采访。北平、天津、上海、开封各报都连续进行报道，发表大量有关文章。各地考古和地质专家云集新郑考察参观。美国斯密苏尼恩博物院代表也前来参观并指导发掘。在河南各界人士要求下，靳云鹗师长从彰明国粹，供备研究出发，报请吴佩孚批准，决定将这批文物交付开封河南省立第一图书馆保存。第一批文物94件，碎片635片，10月2日运到开封。当日开封全城悬旗结彩，机关人员、学生列队欢迎，观看者塞途空巷，赞赏不已。省立第一图书馆馆长何日章亲率保管人员逐件验收。省长张凤台、监理张福来亲临监视。第二批文物53件，碎片35片（其中含当地收集文物），于10月27日运汴交验。为纪念这批文物出土，河南省教育厅特立碑于新郑南街李锐宅楼旁。碑文由靳云鹗撰文，蒋鸿元书丹。出土文物中的一对青铜莲鹤方壶为稀世之宝，壶身饰蟠龙纹，两侧各一龙形大耳，圈足，下伏双兽。壶盖周边并列莲瓣两层，中央铸一立鹤，作振翅高飞姿态。这些文物现分别存于北京故宫博物院、河南省博物馆。

## 莲鹤方壶

莲鹤方壶为春秋礼器，国家一级文物。1923年，莲鹤方壶在辖区南街李家楼郑公大墓出土，高117厘米，口为方形，长30.5厘米，宽24.9厘米；壶身为扁方体，上有冠盖，器身长颈、垂腹、圈足；壶的腹部装饰着蟠龙纹，龙角竖立，壶体四面还各装饰有一只神兽，兽角弯曲，肩生双翼，长尾上卷；圈足下有两条卷尾兽，身作鳞纹，头转向外侧，有枝形角，倾全力承托重器。承托壶身的卷尾兽和壶体上装饰的龙、兽向上攀缘的动势，互相呼应。壶盖被铸造成莲花瓣的形状，一圈肥硕的双层花瓣向四周张开，花瓣上布满镂空的小孔。莲瓣的中央有一个可以活动的小盖，上面有一只仙鹤站在花瓣中央，仙鹤似乎在昂首振翅，翘首望着远方，造型灵动。从制作工艺上看，莲鹤方壶的铸造采用圆雕、浅浮雕、细刻、焊接等多种技法，工艺精湛。方壶共出土一对，是中国已出土青铜器中的独特器物。1923年，从“郑公大墓”挖掘出土了完整的青铜器近百件，另外还有玉器、陶器等数百件文物，史称“新郑彝器”。专家们认为，这批文物是郑国王室的祭祀重器，其主人可能是郑国国君子婴。1927年，河南省成立河南省博物馆筹委会，这批历经周折辗转的青铜器文物成了河南省博物馆的首批“镇馆之宝”，开启了河南文物事业之路。抗日战争和解放战争时期，为保护国宝免遭劫掠、破坏，“新郑彝器”又几经辗转，费尽周折得以保存。1950年8月，河南省代表会同文化部代表共赴重庆接收河南存渝古物。文化部代表挑取一尊底部稍有残缺的方壶调到北京故宫博物院。自此，两尊方壶分置两处，完整的莲鹤方壶系河南博物院的镇馆之宝。

莲鹤方壶

# 南街古巷

2018年，新建路街道启动“南街古巷改造项目”，涵盖人民西路以南、阁老东路以北、新建路以西，其中包括南大街、仁义胡同和大仓巷。通过修复和改造，对区域内的历史遗存——考院、学宫、李家楼遗址、八卦洞、魁星楼、文峰塔、东周建筑遗址等进行修复；对区域内的现存民居，参考老建筑风格，依托新郑历史城池格局，进行城市有机更新改造。整个街区改造按照统一风格实施，基本保持老城区的建筑风貌及空间氛围。加快南街古巷提质建设，高标准打造历史文化风貌区，彰显文化特色，建设“四有”古街（有肌理、有文脉、有传统、有乡音），提高黄帝故里人文魅力。升级改造后的南街古巷将成为集合购物中心、精品酒店，拥有休闲娱乐、文化旅游等功能于一体的历史文化街区。

# 明清县衙

新郑明清县衙位于人民路西路北县衙街内，坐北向南，面积8000平方米，是一座清代群体建筑。在中轴线上的主体建筑原有四进院落，五座门堂，依次为头门、仪门、大堂、二堂和内宅，自前向后逐渐升高，其中以大堂（正堂）建筑为最大。在中轴线以外，县署有墩台形的台门，台上砖垣女墙（城垛）建有谯楼，后改作大门五间。仪门左右两侧各建一角门，门东建有寅宾馆三间，近处又建土地祠，另门向西建房三间。大堂前左右两侧各建六间房，东西向。其南建有快手房（东）、皂隶房（西）东西相对。皂隶房南面为囹圄，墙置棘针。露台左右建二房为皂役立班处。正堂东壁二间为东库，收贮钱粮。西壁有房为西库。其西为民壮房及堂东建有赞政厅、东书房三间、内宅三重，最后建有楼五间。县署东建有典史署，此院落建有东西察院，院东为寅恭所，后改惠民药局（旧志谓府馆），在县署后。据旧志，大门内东五间，在寅宾馆前面西。西五间在囹圄南面。东又五间，在土地祠前面，西又六间在囹圄南面北。而在察院门内有面东七间，后知县朱廷献又造廒房

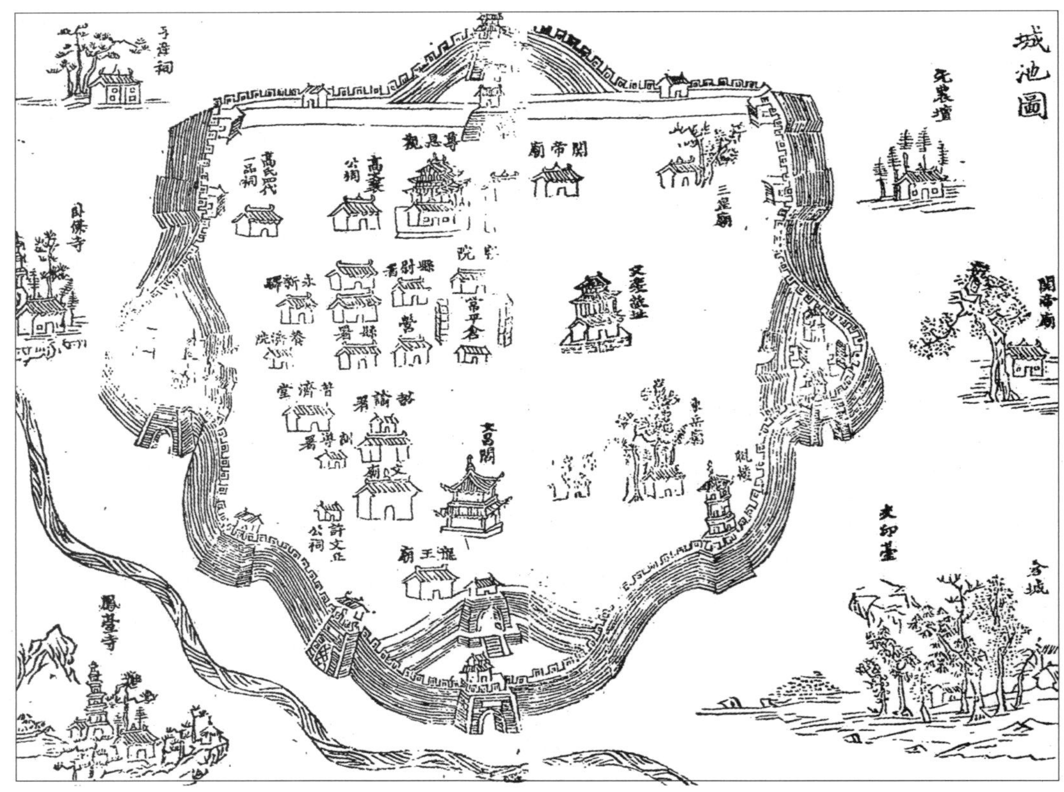


乾隆《新郑县志》城池图

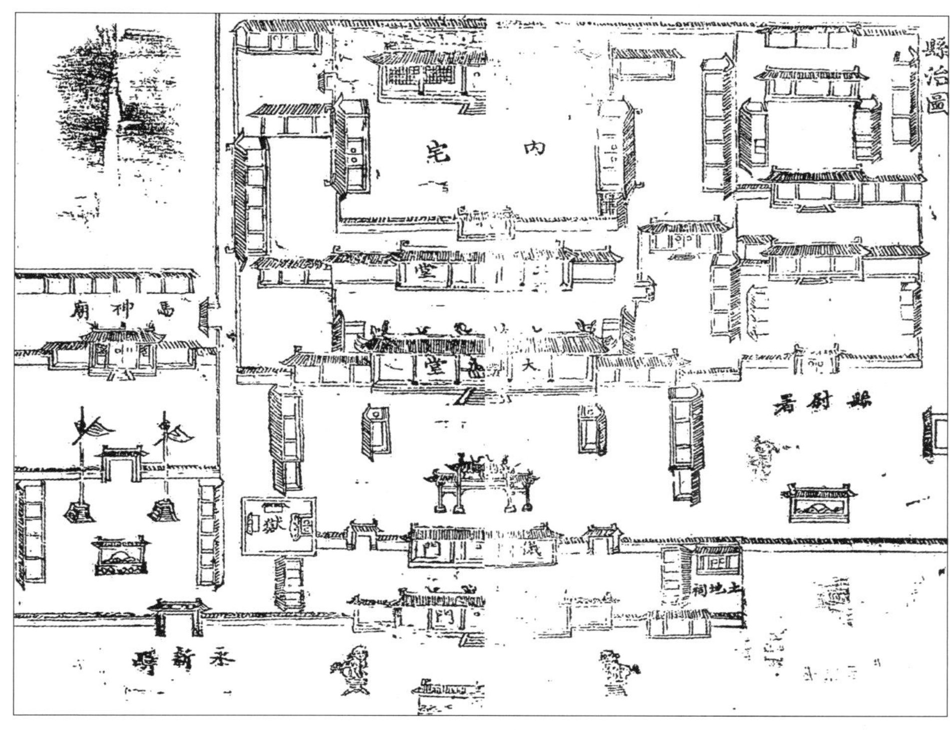


乾隆《新郑县志》县治图

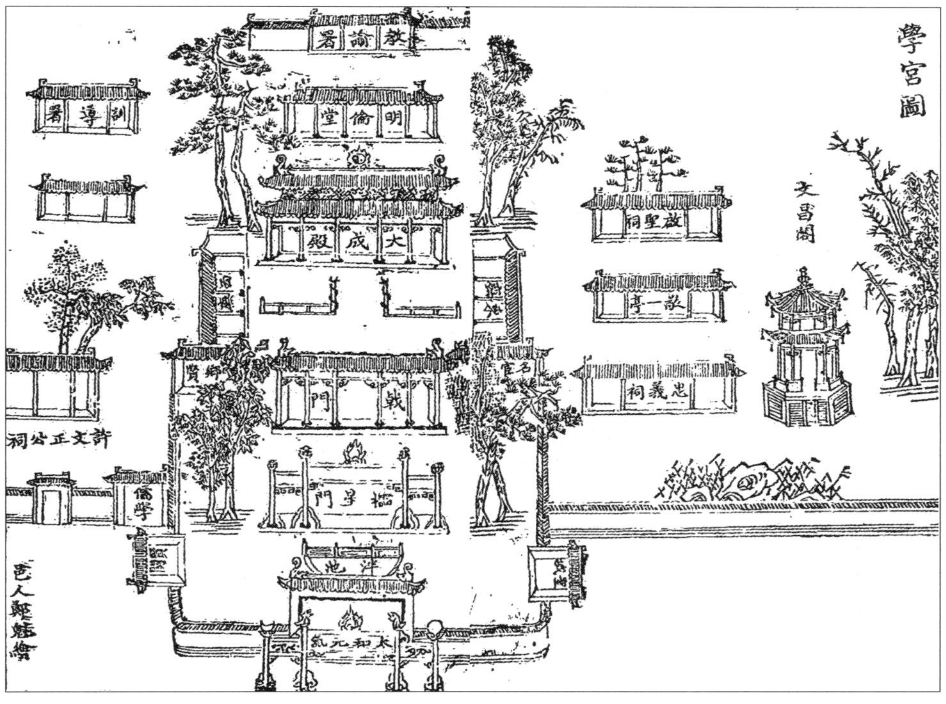


乾隆《新郑县志》学宫图

七间，义社仓三间，在察院东，共计三十八间。后来复建增至五十五间，从清乾隆四十一年（1776 年）《新郑县志》载县衙建筑有近百间。中华人民共和国成立前，这座古老的衙署建筑屡毁屡建。20 世纪 60 年代末为新郑县人民政府所在地。后来逐年拆除，改建他用。县衙古代建筑仅存大堂建筑 1 幢。大堂面阔五间，进深 7 米，单檐硬山造，屋顶用青灰色瓦覆盖。檐下有明柱 4 根，槅扇、棂窗多已毁坏。

# 胡同老街

## 文　庙

文庙位于新郑老城南街路西，即今南街中学校址，今庙已不存。始创年代不详。文庙坐北向南，有两座大门，东门上刻“圣域”，西门上刻“贤关”。两门外各立石碑一通，上刻“文武官军民人等到此下马”，门内中间有半圆形泮池，池前有“泰和元气”坊。旧时童生考中秀才，骑马排队绕泮池三周，名为游泮。文庙殿、房总计八十余间。

## 考　院

新郑考院位于辖区南大街考院街，创建于清代，原为黉学，为举行科举考试的场所，属郑州市文物保护单位。现存考院为殿堂硬山建筑，灰筒瓦顶，室内四明柱，石雕柱础。

考院　刘栓阳　摄

前有廊柱面阔三间，进深三间。考院坐北朝南，结构严谨，布局合理。现存建筑有山门、大堂、东西号舍、官厅（议事厅）、西花厅、东西厢房、内室等。院内的木刻、石刻、砖雕等雕工精湛，刻有民间色彩的图案。清光绪三十一年（1905 年）科举制度废除，考院被改为新郑县印刷厂，后因战乱遭到毁坏，仅存前院，面积是原来考院总布局的三分之一。2018 年，新郑市旅游和文物部门对考院现存古建筑进行加固维修，现已对外开放。

## 古民居

**蔡家宅院** 蔡姓一族明初自山西洪洞县迁至新郑，入籍梨河蔡庄，后蔡氏部分族人或经商或入仕，陆续在南街一带聚族而居，形成蔡家宅院。蔡家崇文重教，代有闻人。1893 年，族人蔡琴堂中清光绪癸巳乡试。1915 年，龙作霖于蔡家院内办客籍初等小学。

**刘家大院** 刘槃，字克昌，昌乐县令刘源之子，明中期中正统丁卯乡试、天顺丁丑进士。初授直隶宿州知州，持大体，崇实政，与民休息，宿人德之。牧宿六年，擢任宁国府知府。治宁如治宿。九年秩满当迁，会权珰柄政以贿责槃，槃愤然不从，遂辞官归里，百姓留不得，争肖像祀焉。归里自号乐闲老人，以诗酒自娱，纂邑志。寿八十终，入祀乡贤祠。

**阁老故居** 阁老故居位于南街西南处。高拱于明正德年间生于新郑，出身官宦之家，17 岁魁于乡，嘉靖二十年（1541 年）中进士。高拱自幼聪颖异常，“五岁擅对偶，八岁

老照片——南门楼

南街老城门楼　穆明池　摄

蔡家宅院

诵千言”。后虽官至首辅，但不论是居庙堂之上，还是处江湖之远，都体恤民情，更不忘家乡父老。

**游家宅院** 游氏家族始祖为春秋时期郑穆公之子公子偃，字子游，其后人因以为姓，世代相传。明代中叶，游家在此置业，以银匠为业，前店后居，建三进四合院。清光绪年间，新郑以南街游章甫的银货楼“天德楼”最为出名，每年加工经营银耳环、银戒指、银手镯等约50公斤。

**张家宅院** 张氏家族世居新郑南街，勤俭持家，诚信立身，从做布鞋起步，发展到经营香坊、油坊、杂货店及粮食生意，发家之后创立“豫成”号金银楼（豫成楼）。张家宅院现存建筑始于清代中期，主院置垂花门，上书匾额“惠迪吉”，意谓顺应天道者，大吉大利。

**李锐宅楼** 1923年8月，新郑绅士李锐雇工在宅内掘井，25日傍晚得青铜彝器4件。李命雇工昼夜兼挖，历时40天，发掘面积110多平方米，计得完好文物133件，碎铜片和贝币723枚（片）。出土文物分批专人押运至郑州，逐件造册登记，并请有识者进行鉴定整理。为纪念这批文物出土，立碑于新郑南街李锐宅楼旁。

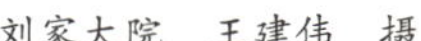

刘家大院 王建伟 摄

张家宅院 王建伟 摄

南街古巷　王建伟　摄

## 老商号

民国时期，城厢镇共有各种店铺 95 家，经商人员 800 多人，除了具有店铺的坐商外，还有数以百计的行商，来往于省内外，推动着境内商业的发展。境内有 27 家杂货店铺，经销土布、陶瓷、桑杈、磨石、大枣、柿饼、神香、纸张等土产山货，大多从密县、禹县购进。盐从开封、郑州大宗贩运到新郑，除满足本地需要外，大部分经行商转运至南阳、老河口一带贩卖。碎货加布匹叫京货，京货都属于工业产品，主要靠行商从外地城市和商埠贩运。每年秋后，行商从本地收购大枣、瓜果等土产，利用火车、船只运往汉口、周口、界首等地，销给当地坐商，然后再采办日用工业品及布匹运回新郑，转卖给京货店销售。1937 年后，抗日战争爆发，日本飞机对平汉铁路狂轰滥炸，交通不畅，货物短缺，物价暴涨，再加上外商渗入，“洋油”“洋布”冲击国货，境内京货店、杂货店难以为继，造成大量店铺经营惨淡，一部分倒闭停业。境内原有如下主要老商号。

**合盛泰** 位于辖区南街，经营者为张氏家族，自号“百忍堂”。清咸丰四年（1854年）三月创建，清同治七年（1868年）扩建。商号主要经营日用百货和布匹，以零售为主，兼营批发，旧时新郑半城布匹出自合盛泰。

**天德楼** 位于辖区南街，经营者为游氏家族，游氏为春秋时期郑穆公之子公子偃，字子游，其后人以游为姓。明代中叶游家在此以银匠为业，前店后居，建三进四合院。清光绪年间，新郑以游章甫的银货楼“天德楼”最为出名，每年加工经营银耳环、银戒指、银手镯等约50公斤。

**豫成楼** 位于辖区南街，经营者为张氏家族，张氏世居新郑南街，从做布鞋起步，发展到经营香坊、油坊、杂货店及粮食生意，发家之后于清代中期创立“豫成”号金银楼。主院置垂花门，上书匾额“惠迪吉”，意谓顺应天道者，大吉大利。

**协成永** 位于辖区南街，经营者为王氏家族，清光绪二十年（1894年）创建。王氏世居新郑南街，主要经营粮油、食盐、土布、山货及生产资料。商行秋季从密县、禹县购进山货，从本地收购大枣、秋粮等土特产，利用紧邻双洎河航运码头的优势，运销至周口、汉口等地，再贩回日用品及布匹。

天德楼 王建伟 摄

协成永　刘栓阳　摄

## 石牌坊

新郑南街自北向南有 9 座石坊，为高拱及其父兄明时所建。其中，少师大学士坊是明隆庆五年（1571 年）三月监察御史部永春为高拱建立的，坊高 10 米多，不仅有高大的斗拱和形如四方巨柱的大枋梁，还有精美的石雕。二枋梁两端透雕麒麟一对，中雕二龙戏珠，左右前梁上雕有丹凤朝阳、海马负图以及狮子滚绣球和龙云等图案。石坊的正门与两侧门之间的两根坊柱上，也都浮雕有金甲武士像。明柱国太师文襄高公祠坊明万历年间立，坊高 10 米多，顶为蟠龙正脊，中间雕一兽驮宝瓶，瓶上刻有精美的花纹图案，此坊雕工精致，非常逼真。1963 年，石牌坊被列为河南省重点文物保护单位，后被拆毁，目前尚有一些残余部分收藏在新郑博物馆中。

少保宗伯坊 刘栓阳 摄

少傅冢宰坊 王建伟 摄

**新建路街道石牌坊情况一览表**

| 序号 | 名称 | 时代 | 地址 | 备注 |
|---|---|---|---|---|
| 1 | 泰和元气坊 | 明 | 老城南街文庙 | 为文庙建 |
| 2 | 特恩坊 | 明 | 老城南街 | 为高拱建 |
| 3 | 父子兄弟进士坊 | 明 | 老城南街 | 为高尚贤、高捷、高拱建 |
| 4 | 都堂总宪坊 | 明 | 老城南街 | 为高拱建 |
| 5 | 庙堂砥柱坊 | 明 | 老城南街 | 为高拱建 |
| 6 | 柱国元辅坊 | 明 | 老城南街 | 为高拱建 |
| 7 | 少师大学士坊 | 明 | 老城南街 | 为高拱建 |
| 8 | 少保宗伯坊 | 明 | 老城南街 | 为高拱建 |
| 9 | 少傅冢宰坊 | 明 | 老城南街 | 为高拱建 |
| 10 | 枢府大夫坊 | 明 | 老城南街 | 为高才建 |
| 11 | 明柱国太师文襄高公祠坊 | 明 | 老城南街 | 为高拱建 |
| 12 | 太师高公神道坊 | 明 | 城关阁老坟 | 为高拱建 |
| 13 | 千户高公神道坊 | 明 | 老城东三里 | 为高拱建 |
| 14 | 吕氏节孝坊 | 不详 | 老城东街 | 为高元善妻吕氏建 |
| 15 | 吴氏节孝坊 | 不详 | 老城西街 | 为刘墩妻吴氏建 |
| 16 | 郭氏节孝坊 | 不详 | 老城北街 | 为冯蕴成妻郭氏建 |
| 17 | 李氏节孝坊 | 不详 | 老城北关 | 为冯性禄妻李氏建 |
| 18 | 圣域坊 | 清 | 老城南街文庙 | 为文庙建 |
| 19 | 贤关坊 | 清 | 老城南街文庙 | 为文庙建 |

# 南关码头

双洎河航运始于宋朝中叶，在两千多年交通极不发达的时代起着交通运输作用。至清朝中期，双洎河河面尚宽阔，水流量大，上游码头在城关乡王老庄西北王寨东河，航运直达漯河港口，然后，入淮河到长江。清朝末年，由于河床变浅缩窄，航运码头逐步向下游迁移。清朝末年迁至西关褚庄附近的土城口一带，永兴公煤行在此创建。清光绪三十年（1904 年），双洎河码头迁至南关，航运春秋两季正常。从新郑到周口、界首两地需 40 天左右，夏季河水上涨，航行期可缩短 3~4 天。每年有 6 个月通航期，码头各商行大都有 6 名固定工人（叫内班），另有专业搬运工 100 多人（叫外班或脚行班）。每年春节一过，外地商家派人常驻码头委托商行代购煤炭山货，然后装船运到周口、界首、信阳等地。

民国三十年（1941 年）前，煤行收煤用斗量，一斗 25 公斤，以后改用秤称。每天随着独轮车和毛驴的驮运，大量的煤炭和山货运抵南关码头，煤炭、货物堆积如山，常有十几条大木船停靠码头装卸货物。繁忙的二、三月份，南街城门外的双洎河航运码头（当地人俗称“南关码头”）仅煤行就有 10 家，转运行 7 家，往返船只有 300 多条，煤行每天收煤 15 万公斤；每年运送磨石 150 万块，桑杈 1 万多把，大枣 25 万公斤，荥阳柿饼 600 万公斤，饼肥 100 万公斤。在运送的货物中，密县的煤炭占 60%，其次是粮食、土产、山货。双洎河航运常出现千帆竞发之景象。

南关码头生意兴隆，促进了当地的商业发展。同时由于社会动荡不安，土匪抢劫时有发生。民国八年（1919 年）9 月 27 日晚，“聚隆太”商号被抢。民国十一年（1922 年）农历正月二十晚上，“豫茂长”“荣聚和”“义成勇”商号相继被抢。民国十四年（1925 年）农历三月十五日下午，狂风大作，土匪孟献堂到码头抢掠财物，“义成勇”商号老板被打死，同时 12 家商号老板遭绑票，索要赎金。民国十六年（1927 年），南关码头又遭受庙道会之乱，各商号惊恐不安，生意冷清。为防范匪患，保护生意及客商，3 家商号在县城建立客栈，供客商居住和存放钱财。同时各商号集资共同组建 20 人的巡逻队，白天值班，

顺治《新郑县志》八景图之南桥风雪

晚上巡逻，并将一面写有“巡查”的红旗插在码头上示威。官府派出一支武装队伍（拥有12支大枪）常驻码头防范。1931年，干旱无雨，双洎河流量减小，再加上沿河居民筑堰建坝，河道受阻，航运生意日渐艰难，商号或外迁或倒闭，仅存4家。1944年，日军侵占新郑，南关码头航运业更是举步维艰。

中华人民共和国成立初期，有航运船只28条，有王贵林、王保、王海燕、王大兴、王长兴、王铁蛋等20多人坚持从事航运业。1953年，实行公私合营，私有财产全部归公，船上及码头上的工作人员被合并到漯河航运处工作。1959年佛耳岗水库建成，航运中断，南关码头撤销。

# 文物胜迹

LOCAL RECORDS OF XINJIANLU

# 凤台寺塔

凤台寺位于城南关双洎河南岸的凤凰台上。旧时传说有凤凰栖集于此，故名凤台寺。据清康熙三十二年（1693年）《新郑县志》记载："宋大观三年建，明嘉靖四十年洞林寺僧重修。"然佛塔门楣上刻有"太原温考□谒朝假以元丰四年七月十二日迁葬祖父母，父母于县西南七□里耿村九龙之原"字样，则凤台寺和塔应建于元丰四年（1081年）以前，距今近千年。该寺为旧时新郑著名佛寺之一，殿宇辉煌，竹林交映，河水萦绕，晚钟远扬，为新郑八景之一——塔寺晚钟。香火盛时住有僧人20余人，高僧名士多有佳作吟咏。清末及民国，因年久失修，殿宇倒塌，今寺废，独存塔。凤台寺塔东向，为六角九级叠涩密檐式砖塔，平面作六角形，通高19.1米，底层周长16.8米，无基座。整个塔身大体用长39厘米、宽19厘米、厚5.5厘米和长40厘米、宽19厘米、厚6厘米的青灰条砖一顺一丁垒砌而成。外壁全用水磨青砖砌成，白灰浆添缝，灰缝约0.4厘米。塔身外形略呈抛物线状。该塔通身造工精细，古朴壮观。塔外有"仓颉造字台"碑，此地旧称"凤凰衔书台"，传仓颉造字于此。1986年11月21日，凤台寺塔被评为河南省重点文物保护单位；2013年，被国务院评为第七批全国重点文物保护单位。

顺治《新郑县志》八景图之塔寺晚钟

凤台寺塔　刘栓阳　摄

# 卧佛寺塔

卧佛寺位于新郑市西关桥北，双洎河东岸，北临子产祠。据清康熙三十二年（1693年）《新郑县志》记载：隋开皇十年（590年）创建，历代皆有修建。卧佛寺塔建于明成化元年（1465年）。清至民国前期，香火不断。1941年日军飞机轰炸，寺毁，仅存佛塔。卧佛寺塔为七层八角楼阁式砖塔。平面作八角形，通高15米，基部周长16米。整个塔身一般用长28.5厘米、宽13厘米、厚6.5厘米的青灰条砖砌成。壁面砖与砖间用白灰浆黏合，灰缝较细。自第一层以上塔体宽度逐层内收。入塔门经过1.37米的甬道，通向八角形塔心室，室壁高2.25米，呈八棱桶形，中间留有一孔道，贯通第二层至第六层塔身，稍有收分，室内八面壁用九层叠涩砖发券收顶，从第二层开始，设有相对两凸出脚蹬砖，可登上塔顶。七级以上置塔刹，塔刹覆盖一火焰宝珠式铁顶。塔的第一层西南面壁嵌有长90厘米、宽65厘米的青石塔铭《摩诃般若波罗蜜心经》，楷书，31行，行21字，上刻“成化元年四月初八发心舍资比丘圆亮建”诸字。1987年3月4日，卧佛寺塔被郑州市人民政府评为郑州市重点文物保护单位；2006年，被评为第四批河南省重点文物保护单位。

卧佛寺塔 刘栓阳 摄

# 鉴忠堂宝谟楼

鉴忠堂宝谟楼又名接旨亭，位于人民路与郑新路口西北处。据清康熙四十一年（1702年）《新郑县志》载："鉴忠堂宝谟楼遗址。按：明穆宗赐高相国拱所建，在城内东街道北。"高拱八世孙高海勤先生回忆，鉴忠堂宝谟楼上层建筑在清代被毁坏，民国时期知名人士田双林等人保护古迹，把扒掉的砖放在八卦洞内。清人王廷璧作《过新郑高相废园》诗："绿野莺花地，萧条剩废砖。龙衣方借补，鹤氅已归田。蛙乱秋月池，鸡鸣冷巷烟。何如李卫国，痴泪洒平泉。"宅前为接旨胡同，即高拱迎接圣旨的地方。鉴忠堂宝谟楼主体建筑为二层楼结构，由基座、墙身和屋顶组成，建筑面积56平方米，基座高1.2米，上部用青石条铺成，墙身和券顶均用青灰砖以白灰粘砌；建有歇山式屋顶，绿色琉璃瓦覆盖；檐下有斗拱，格扇门，室内宽敞明亮。如今的鉴忠堂宝谟楼已有400多年的历史，四面楼房已经全部拆迁，仅剩一层主体建筑。2016年，鉴忠堂宝谟楼被评为第二批郑州市重点文物保护单位。

鉴忠堂宝谟楼　刘栓阳　摄

# 现代产业

20世纪60年代后期，境内乡镇企业发展迅速。辖区于1966年办新华服装厂。截至1986年，镇办、街道办、联户办和个体办企业共614个，从业人员2553人，占全镇总人口的11.98%。辖区总产值达3417万元，居新郑县第4位。1986年，城关镇创办了机械厂、修造厂、玻璃厂、服装厂等。1990年后，又有镇办纸箱厂、农机修配厂、石油加工厂、振兴服装厂（北街办）等。

## 产业园区

2000年，在阁老路东侧建成城关镇服装产业群区，发展私营企业60家。当年，建城北非公有制工业园区，占地14.7公顷，其中规模以上企业19家，乡镇企业入库税金1286万元，个体私营企业入库税金723.8万元。

2002—2003年，在城东新区征地18.86公顷兴建城东工业园。街道投资150万元开通城东工业区道路，完善供排水电等基础设施建设，总共完成11万立方米土石方，实现三通一平。

2004年，工业园区落户投资1000万元以上的招商企业3家，投资200万元以上的工业项目17个，新开工建设的项目16个，当年建成投产的项目13个，进行基建施工的项目3个，计划总投资额9620万元，全年实际投入5820万元。

2005年，新上投资200万元以上工业项目17个，投资1000万元以上项目6个，累计工业固定资产投入达18480万元。民兴钢制品、恒鑫卫生用品、佛山伟华电缆等17个工业项目均实现当年签约落地、当年建成投产。新郑市兴华带钢有限公司投资600万元，新上两条钢带生产线，当年新增利税近40万元。

2006年，新上投资200万元以上工业项目20个，累计工业固定资产投入达14587万元。

2007年，新上11个工业项目，工业固定资产投入9500万元。北街PVC塑料加工、和兴印刷、华美泡沫包装、喜凤刺绣、宝德公司绿碳化硅扩建、保山制衣、占全制衣、永兴涂料扩建、鑫源扩建等10个项目全部投产。

2008年，新上7家工业企业，累计工业固定资产投入达6000万元。

2009年，建成路港物流、伟强食品厂等6家工业企业。

2010年后，由于辖区地处城市中心地带，可用开发土地面积减少，以及环境保护等原因，一些工业企业迁出城区。

2012年后，随着黄帝故里景区规划的出台，新建路街道主体规划围绕旧城改造与黄帝故里扩建为中心，辖区发展方向由实体工业逐步转向商业文化方面。

# 商贸服务

1972—2000 年，城关镇商业有新民百货商店、豫华商场、西街食堂、新建旅社、民乐饭庄、华丰商场、德胜百货商店、东街百货大楼、郑韩商场。1986 年，镇区内有照相馆、理发店、浴池、剧院等集体商业 20 余家，年营业额 2717 万元。1990 年后，商贸业发展迅速。1991 年，有商店 1222 家，从业人员 4478 人。

1996 年，有商户 1470 户，从业人数占总劳动力的 80%，纳税总额占财政收入的 70%，截至 2001 年，新增个体工商户 819 户，新增从业人员 1016 人。同时开发了新建路水暖电料市场、西街食品小商品批发市场、洧水路果品批发市场、郑韩购物中心、东关商贸城等 6 个批发零售市场和郑韩商场、仿古一条街两个商贸中心区。

2014 年，完成建筑面积 8 万平方米的接旨胡同精品商业街规划，项目位于郑新路以东、步行街以西、繁荣街以南、人民路以北区域，用地 4 公顷，总投资 5.2 亿元，其中商业面积 41523 平方米，采用仿汉代建筑风格，融旅游、文化、休闲、娱乐为一体。

2015 年，完成嫘祖城市商业广场规划设计方案，项目位于人民西路以南、南环路以北，阁老路以东、南街以西区域，占地面积 5.47 公顷，总建筑面积 10 万平方米，商业面积 8

老照片——城关镇十字街

万平方米，总投资3亿元。截至2018年，打造出现代化的集文、旅、商一体化的城市商业广场，涵盖金帝商贸城、四发商贸城、东里家具广场等繁荣商业圈，在新建路、文化路、印台街等处有300多家服装店，经营各种高、中档品牌服装。

## 商业步行街

商业步行街位于市区大仓路与繁荣街之间，南北走向，在原郑韩商场的基础上改建而成。1988年1月，以东城路为依托的郑韩商场建成开业，商场南北总长1700米，街道红线宽30米，路面宽18.5米。街道中间建有钢铁框架石棉瓦结顶的半圆拱棚，并分段设有

百货大楼（摄于1988年）

水泥台摊位；路两边建有门面楼房 885 间，建筑面积 13.2 万平方米，入驻商户 128 家。商场南段主营粮油、日杂、小吃、干鲜蔬菜等；中段主营纺织、百货、服装、鞋帽等；中段与北段交接处有一东西向的路段为蔬菜市场；北段主营木材、木器家具、条编和甘蔗批发等。每逢集会日和星期天，人流如潮。

## 郑韩购物中心

郑韩购物中心于 1996 年 11 月开始建设，1998 年 7 月建成开业，位于辖区郑韩路东段南侧，总建筑面积 5.3 万平方米，是经营家具、办公用具、装饰材料、建材、水暖、陶

商业步行街 刘栓阳 摄

瓷制品的专业批零市场，被列为郑州市 1997 年重点工程之一。郑韩购物中心中间为四栋连体门面楼组成，东、南、西边为四层楼式营业门面；总投资 5000 万元，入驻商户 200 家，年经营额 1.2 亿元。

## 新郑水果批发市场

新郑水果批发市场位于市区新华路与文化路交叉口西南角，原是 1996 年由市粮食局负责筹建的粮油批发市场。后经论证，新郑粮油市场形成的可能性不大。1997 年 6 月改做新郑建材大世界，当时为新郑市第一家专业钢材市场，有门面房 88 间，面积 2600 平方米，防雨售货棚 36 间、面积 1800 平方米。1999 年 7 月，钢材市场搬至辖区阁老路中段西侧，同年 10 月，该市场又改做水果批发市场，先后入驻商户 100 多家。2005 年，该市场成为新郑市最大的干鲜水果批发集散地，年成交额 9800 万元。2015 年，水果批发市场搬迁至阁老路 198 号，占地 28000 平方米。

新郑水果批发市场 刘栓阳 摄

# 民俗风情

LOCAL RECORDS OF XINJIANLU

# 生活习俗

## 特色美食

**豌豆馅** 豌豆馅是境内独特的小吃之一，相传是两千多年前郑国的宫廷膳食，后流传于民间。豌豆馅整体鲜黄，内有一层层柿饼花，入口即碎，香甜爽凉，开胃解暑。豌豆馅的制作工艺十分独特，先用小石磨把豌豆蜕皮，然后放在大锅内煮几天几夜，把豆煮成粥状，然后盛出放在模具内，加一层层柿饼花，自行凝固即成。

**田家烧饼** 田家烧饼在清末已经闻名一方，至今已传承四代，历经 100 余年。其两大特色是：刚出炉焦，放一会儿软，咸甜适度，酥筋适当，可口美味，食后余香在口；从烧饼一边打开之后，里面有一个略小于手掌大小的油饼，又软又香，拿出来吃最好，剩下的烧饼壳可以夹牛肉。年轻人最好吃刚出炉的，白里透黄，皮儿又焦又脆；老年人和儿童最好放一会再吃，又软又香；倘若牙齿不好，可拿来泡馍，涨而不烂。

**高记烧鸡** 高记烧鸡采用清宫御厨秘方，将鲜嫩活鸡用蜂蜜擦亮油炸，选用黄芪、枸杞、党参、当归、砂仁等名贵药材，多年老汤循环使用，精细加工而成，配料讲究，香醇味佳，肥而不腻，营养丰富，熟烂可口，一抖离骨，具有食疗、滋补等价值。

**赵记卤肉** 赵记卤肉（今赵记红光肉店）由创始人赵振中（小名赵狗）创立于 1918 年，历经三代相传。赵记卤肉色香味美。食前香气扑鼻，沁人心脾；食之肥而不腻，香美爽口；食后余味绵长，神清气爽。

**丁记粉蒸肉** 丁记粉蒸肉系老城西大街丁氏家族世传佳肴，至今已有 160 多年的传承史。丁氏粉蒸肉扣盘后的粉蒸肉色泽美观、红光透亮、状如水晶、红白相间、嫩而不靡，米粉油润、诱人食欲，食用有鲜嫩味正、肥而不腻、甜香兼备、咸甜适口、酱香突出、五香味浓之口感。

## 婚嫁习俗

**提　亲** 新中国成立前，婚姻讲究“父母之命，媒妁之言”，一般先由媒人说合，通常由男方向女方派媒人商量婚姻的可能性。

**相　亲** 由双方当事人和介绍人约定时间、地点、双方男女见面，介绍人介绍男女双方情况，就借故离去，让两个人面谈，作初步接触了解，看有没有共同语言。介绍人看双方谈得差不多了，就会征求双方意见。如果没有什么问题，就算成全一件婚事。如果有不是太大的问题，可能中间还需要进一步说和才能奏效。见面后不管双方同意还是不同意，都不是最后裁定。在经历了一段时间之后，才能够最后确定。

**订 婚** 又称婚约，依照民间习俗，通常结婚前先有订婚仪式，男方家里要置办酒席，举行一个简单的订婚仪式。订婚之后男方要给女方送彩礼。但依照中国现行法律，订婚并不是结婚前必备程序，不经订婚之婚姻，不失其婚姻之效力。

**择 吉** 民俗风情定下具体的结婚日期，男女双方父母都要请算命先生看吉日。男女双方请算命先生选定的吉日一致，那么就算定下吉日，即结婚的日期。择定吉日后，男方在结婚前写一柬送达女方，称为“送好”。

**婚 嫁** 结婚仪式之前，男女双方要到民政部门登记，领取结婚证。20 世纪 60—80 年代，流行过骑自行车迎娶；20 世纪 90 年代之后多用轿车迎娶，用车一般都是双数，寓意“好事成双”。迎娶那天即算正式结婚。结婚仪式一般在中午，亲朋好友到来后，有人登记送钱、送物的名单。新郎迎新娘至结婚典礼现场，有司仪主持新婚典礼。一般是先拜天地，再拜高堂，向双方父母鞠躬，接着是夫妻对拜，互相鞠躬。拜堂仪式结束，然后入洞房。进入 21 世纪，结婚仪式大多在酒店举行，极少数农村家庭依旧在家中正屋举行。仪式结束后，大宴宾朋。

## 传统节日

**除 夕** 腊月三十（小月腊月二十九）晚上称为除夕。至除夕，过年各项事宜齐备，对联贴齐。晚饭吃饺子，下饺子时放鞭炮。零时，鞭炮齐鸣，辞旧迎新。有的人彻夜不睡，叫“守夜”“熬福”。近年，除夕夜到黄帝故里拜祖逐渐兴起。

**春 节** 即农历正月初一，俗称过年。是老百姓一年生活中的头等重要节日，此时操办年货，杀猪宰羊、张灯结彩。“二十三，祭灶官；二十四，扫房子；二十五，磨豆腐；二十六，去割肉；二十七，杀只鸡；二十八，蒸枣花；二十九，去打酒；三十儿，捏鼻儿（饺子）；初一儿，撅着屁股乱作揖儿。”这首过年谣描述了新郑民间过年的大致情形。年夜饭过后，一家人围坐一起，吃糖果、嗑瓜子、与亲朋拉拉家常，子女依次给长辈叩头辞岁，长辈给晚辈发压岁钱。全家人彻夜不眠，谓之“守岁”“熬年”。春节里最重要的

除夕夜民间拜祖　刘栓阳　摄

拜始祖　祈洪福

大年初一敬高香

一项活动就是拜年，到亲朋好友家和邻居那里祝贺新春，旧称拜年。随着时代的发展，拜年的习俗亦不断增添新的内容和形式，人们除了沿袭以往的拜年方式外，又兴起了电报拜年和电话拜年，近几年更流行用短信、QQ 和微信等网络工具拜年。

**元宵节** 正月十五为元宵节，又名“灯节”。元宵节，放鞭炮，猜灯谜，游玩至深夜。1990—1997 年，在新郑市政府的安排下，元宵节“灯展”活动轰轰烈烈，各种各样的灯布置在人民路两侧，十分壮观。正月十六出游，俗称“游六儿”。正月十五、十六在市区，舞狮子、舞龙灯、踩高跷、跑旱船、吹唢呐、软故事等民间文化活动有序演出，“游六儿”的人水泄不通。

**上巳节** 上巳节，俗称三月三，是汉民族传统节日，在汉代以前定为三月上旬的巳日，后来固定在夏历三月初三。传统的上巳节在农历三月的第一个巳日，也是祓禊的日子，即春浴日。上巳节又称女儿节。

闹元宵　刘栓阳　摄

**清明节**　为二十四节气之一，柳枝生芽长叶。人们祭祖，给亡去的父母、爷奶烧纸添坟。学校组织学生祭扫革命烈士陵墓，进行革命传统教育。

**端午节**　农历五月五日称为“端午节”，又叫端阳节，家家户户门首插艾条，吃粽子，相传是为纪念爱国诗人屈原。

**六月六**　俗称“缀节”，这个时候麦收完毕，秋种结束，属农闲季节。娘家人多在初二、初四、初六日带着粽子、鲜桃、油条、扇子（现在有送电扇、空调）、衣服看望出嫁的女儿。

**七月七**　农历七月七日，相传为牛郎织女鹊桥相会之日，这天傍晚称为“七夕”，俗称中国的情人节。在新郑地区常见由几个要好的少女相约，每人备上些时令水果，聚在一起唱道：“天皇皇，地皇皇，俺请织女下天堂。拿出针，穿上线，学你七十二样好手段。”目的是向织女乞求智慧和灵巧。也有些地方是几个少女聚在一起，穿针引线，每人做个小物件来比巧。还有是几个少女和面包饺子，把一枚铜钱、一根针和一颗红枣分别包进饺子，煮熟后吃到钱者为有福，吃到针者为灵巧，吃到枣者为早成家婚姻

黄帝故里元宵节展演

美满，这是用卜测的形式来达到娱乐的目的。所以七月七还被称为“少女节”“女儿节”和“乞巧节”等。

**中秋节** 又称八月十五。十五日，人们赏月吃月饼。中秋之夜，千家万户于庭院中对月设下香案，摆满了时鲜瓜果，诸如西瓜、苹果、葡萄、枣、梨、栗子等，还有熟食毛豆、五香花生、芋头之类。全家人还在香炉上插一枝生毛豆，代表月中的桂树。一切布置停当之后，全家人轮流向月亮朝拜。所谓祭月，是向月宫里的嫦娥遥拜。黄帝故里在八月十三、十四两日灯火通明。旧时中秋，依照传统大家互送礼节，大户人家还赏奴仆钱，做生意的铺户放账贴，每节如此。1990年前，新郑中秋还有兔儿爷卖，中秋节祭的就是这只月亮里的兔子。兔爷是泥做的，兔首人身，披甲胄，插护背旗，脸贴金泥，身施彩绘，或坐或立，或捣杵或骑兽，竖着两只大耳朵，亦谑亦谐。现在少见，偶尔出现在春节庙会上。

**冬　至** 为二十四节气之一，是“交九”的第一天。这一天，昼夜等长。“吃了冬至饭，一天长一线。”意思是太阳回归，开始昼长夜短。饺子像耳朵，捏饺子就是捏耳朵，把耳朵捏结实，不会被冻掉。

**腊　八** 农历十二月初八，早饭吃“腊八粥”，以大米为主，加些大枣、花生、核桃仁、大豆等熬成粥。腊八节有喝腊八粥、泡腊八蒜的习俗。

# 民间艺术

## 盘　鼓

相传黄帝战蚩尤时用的战鼓是用坚实柔韧、富有弹性的桑木、楸木等木材和老黄牛皮做成，流传至今，又称黄帝盘鼓，目前大多用于喜庆节日和演艺活动。

新建路街道是新郑盘鼓的主要传承地，现有盘鼓队20多支，经常去外地演出。

## 狮子舞

狮子舞的主要道具有狮皮、绣球、枪、刀、梢棍、九节鞭、架子和绳索等，多在春节期间和喜庆日子或庙会演出，或地面、或登架表演。表演时龙虎旗招展，鼓、钗、铙齐鸣，场面壮观热烈，动人心弦。

盘鼓 刘栓阳 摄

狮子舞之一 刘栓阳 摄

狮子舞之二

## 龙 灯

龙灯的道具有龙皮 1 张，长 23.3 米，红色为火龙，蓝色为水龙；三角龙旗 10 面。乐器有鼓、钗、铙等。主要表演程序为走龙、滚龙、盘龙、卧龙等，也有登架表演。演出时锣鼓伴奏，鸣放鞭炮，表演者身穿紧身衣，头扎白毛巾，手举龙灯，使之起伏翻转，时而“入海”，时而腾空，表现出人们降龙伏虎的气概，一般在春节和重大节日演出。20 世纪 80 年代较大商号开张剪彩时，也有狮、龙舞助兴。

## 竹 马

竹马的道具有竹马、马鞭；表演者身穿古戏装，扮生、旦、净、末、丑等角色；配有弦子、锣、鼓、梆等乐器。一般在春节期间与旱船配套表演，骑马者坐竹马，走圆场、舞步等。马童则依据舞蹈情节发展进行体操表演，或根据某古装戏曲选段进行演唱。

龙灯 刘栓阳 摄

## 旱 船

旱船的道具有竹制绸缎彩船和篙，其他与竹马同，表演程式为提锚、张篷、上船、启船、摇橹等行船系列动作，并演唱古装戏曲选段。

## 高 跷

高跷的道具有木制高跷腿。衣着、扮相、乐队与竹马相同。舞蹈动作有走、跑、跳、单腿蹦和单双叉等。多演唱古戏曲选段。

竹马、旱船

## 小 车

小车的道具有木制小车框架配以彩绸，一般两人表演。老旦在车内，用小绳系框架于腰间，胸前放两只盘足假腿，老生推车，乐器与高跷、竹马同。表演程式为圆场和小车在崎岖道路上的各种行进动作。以诙谐、滑稽取悦观众，或演唱古装戏曲选段。新中国成立后，多配合整治宣传，自编节目进行表演。

小车

# 方言土语

## 俚　语

老爷——曾祖父

老奶——曾祖母

秀——泛指已婚妇女或妻子，是"媳妇"的快速连读音

掌柜婆儿——一般指家中女主人

丈人——岳父

姑爷——女儿的丈夫，也称"门婿""闺女家""俺哩客"；姑奶奶的丈夫

恰——亲家的合音

小们——孩子们

花秀儿——新娘

丁儿们——弟兄们

## 生活用语

日头儿——太阳

日头儿地儿——太阳照着的地方，是日头地的合音与变读

凉阴儿——阴凉的地方

罗面儿雨儿——毛毛雨，也说"蒙生儿雨儿"

壮子雨儿——暴雨

赶明儿——明天或将来、以后

恰且——清早起来的时候，即早上

恰饭儿——吃罢清早饭的时候，即上午

长饭儿——吃罢晌午饭的时候，即下午

晌午头儿——正中午

白儿哩——白天

黑晌——晚上

喝罢汤——刚吃过晚饭

肉西——日头偏西

擦黑儿——傍晚，也说“傍黑儿、麻子眼儿”

明暗头——无月光的夜晚

那一儿——那一日

夜儿——昨天，也说“夜儿个”

实冬腊月——冬天最冷的时候

光肚儿——赤身露体，不着衣裤

赤肚儿孩儿——小孩光身子，一丝不挂

疙老肢儿——腋下

膊老盖儿——膝盖

肚末脐儿——肚脐眼儿

妈儿——乳房、奶

骨森——骨头

不老中——不太好、不太行

不拉——用手抚摸、拨拉；平息事态

抛撒——浪费

拉巴——辛勤养育；辅助提拔

咋呼——吆喝；夸耀或大声说话

起眼儿——羡慕；眼红

下作——贪食；下贱

下作亏——贪食的人，也叫“下三儿”

张界——劳累、操劳

斯多——撒娇

哼唧——小声请求

唧白——啜泣

流白——溜须拍马

甩挂——办事大方、利索

壮——多一点，如三斤壮哩、五十壮岁

号一下——记一下，画个记号

栽倒——跌倒

长——添、加

失张——匆忙、慌张

嚇撒——颤抖

确确捣捣——哄骗，来回欺骗，搬弄是非

噘人——骂人

数落——指责

祷告——一般指祈祷，有时也指指责别人

枯蜷——身体弯曲

眼子——经常吃亏或受欺负的人

没眼色——不会看事儿；眼里没活儿

眼老透——眼明，会看事儿；会看人眼色

不任爪儿——没什么，不要紧

腌臜菜——作风下流、肮脏的人

圪意——讨厌、恶心

犯仗儿——令人讨厌

没腔——尴尬

搁不住——不值当

依式——固执

别橛头儿——脾气掘犟的人

麦秸火儿脾气——比喻脾气暴，一点就着

沓蒙着眼儿——眼皮朝下欲睡状

绳会——贩卖牲畜的会

打嘟叉——别人拉他时，故意往下坠或坐在地下

白脖儿——外行

捏造——故意挑剔

抬杠——争辩

迷瞪儿——弄不清楚；糊涂

推故——假装

故事——讲的故事；玩花样、门道

迷瞪瓜——反应迟钝的人

# 庙会集场

农历三月二十八日城关古庙会起始于乾隆年间，主要内容是附近村民前来烧香祈愿，庙会期间有戏剧演出，由村民自愿捐款举办。旧时城关镇每逢星期日有会，由于时间、地点固定，群众又叫例会。1978 年后，各种古庙会陆续恢复，较大规模的有农历三月二十八日和十月一日的物资交流会，会期一般持续 3~5 天。2002 年，新郑市黄帝故里改扩建后，物资交流大会期间，故里广场还演大戏 5 天。同时，古庙会及物资交流会也是人们走亲访友、沟通交流、休闲娱乐的日子。

东街集市

## 新建路街道古庙会会谱

| 日期（农历） | 会址 | 会期 | 日期（农历） | 会址 | 会期 |
|---|---|---|---|---|---|
| 正月十九 | 东关街 | 1 | 五月初五 | 市区大仓巷 | 1 |
| 二月初二 | 市区西关 | 1 | 五月十三 | 市区南大街 | 1 |
| 二月十五 | 市区城关 | 1 | 六月初六 | 市区南门里 | 1 |
| 二月二十八 | 市区西关 | 1 | 六月十九 | 市区北关 | 1 |
| 三月初三 | 市区北关 | 1 | 六月二十三 | 市区东关 | 1 |
| 三月二十 | 市区西大街 | 1 | 七月十三 | 市区北大街 | 1 |
| 三月二十八 | 市区城关 | 3 | 七月二十二 | 市区西大街 | 1 |
| 四月十四 | 市区西大街 | 1 | 九月初九 | 市区北大街 | 1 |
| 四月二十 | 市区西大街 | 1 | 十月初一 | 市区城关 | 1 |

# 教科文卫

新建路街道有着浓厚的历史文化底蕴，街道党工委始终如一地全面发展文化教育事业，在思想教育、科学文化卫生等方面收益颇丰。文化站每年都有计划地开展文化活动，配合新建路街道党工委的中心工作，开展科技推广、宣传教育和各类知识培训；利用重大节日举办丰富多彩的文艺演出，使居民在娱乐的同时，也得到精神上的教益。2013年1月，新建路街道文化站被郑州市非物质文化遗产保护中心评为2011—2012年度非物质文化遗产保护先进单位。

# 学校教育

辖区现有高中 1 所、初中 1 所、小学 1 所，在校学生 6224 人，另有 8 所民办幼儿园，在园幼儿 3033 人。2018 年，新成立公办轩辕幼儿园，可容纳幼儿 1000 余人。辖区轩辕中学、轩辕小学皆是有着近百年历史的名校，驻辖区高中新郑二中每年有百十名学生考入全国各类高等院校。2001 年，国家开始对义务教育阶段贫困家庭学生实施免杂费、免书本费、逐步补助寄宿生生活费的“两免一补”政策，后发展为全部免除农村义务教育阶段学生的学杂费、书本费。

## 轩辕小学

轩辕小学位于县前街 35 号，原南街中学旧址，占地面积 9752 平方米，建筑面积 6872 平方米，原名新郑市北街小学，创建于 1948 年，是新郑市历史悠久的一所小学。学校设有多媒体教室、多媒体课件制作中心、自然实验室、图书室、美术创作室、体育活动室、阅览室、电脑室等各项教学设施。教学仪器、体音美活动器材的配备达国家一类标准。学校先后被评为：郑州市德育工作先进校、郑州市少先队工作先进校、郑州市综合治理工作先进校、郑州市文明学校、郑州市红领巾示范学校。

轩辕幼儿园　刘栓阳　摄

轩辕小学篮球队 刘栓阳 摄

## 轩辕中学

轩辕中学原名南街中学，其原址是明清时期的学宫，史称“黉学”。清顺治十年（1653年）知府杨奇烈在新郑县城西南隅的文昌阁西侧重建新郑县学宫，1904年学宫废，1920年改建为“新郑县模范女子学堂”，1940年更名为“新郑县城厢中心小学”，1949年新郑县人民政府将其改造为“新郑县实验小学”，1958—2007年又多次更名，依次为“新郑县城关镇小学”“新郑县南街学校”“新郑县城关镇初级中学”“新郑市新建办事处初级中学”“新郑市南街中学”等，2007年8月迁址后定名为“新郑市轩辕中学”。学校坐落在新郑市区轩辕路西段、双洎河东岸，占地41225平方米，现有24个教学班，在校学生1188人，教师112人，其中中学高级教师11人，中级教师47人，河南省骨干教师3人。该校图书室藏书丰富，实验室设施一流。轩辕中学先后获“郑州市标准化学校”“郑州市文明标兵学校”“郑州市教育教学先进单位”“郑州市基础教育先进单位”“郑州市体育达标先进单位”“郑州市艺术教育先进单位”“郑州市德育先进单位”等荣誉称号。多年来学校的教育教学质量在新郑市一直名列前茅。

轩辕中学 刘栓阳 摄

## 第二中学

第二中学始建于 1925 年，位于南街大仓巷中段 56 号。1975 年开始招收高中班，1979 年全部改为高中编制，占地面积 47000 平方米，建筑面积 15089 平方米，绿地面积 2460 平方米。2018 年，全校有 33 个教学班，2524 名学生；拥有 161 名教职工，其中国家级优秀教师 1 人，省级骨干教师 3 人，省级学科带头人 1 人，特级教师 2 人，高级教师 29 人，一级教师 66 人。专任教师 152 人中具有本科以上学历的有 146 人，占专任教师总数的 96%；研究生结业学历的有 58 人，占专任教师总数的 38.2%。20 世纪 90 年代以来，该校连续实施两个五年发展规划，加快学校基本建设，教学设施不断更新，师资水平不断提高，办学规模不断扩大，学科水平、培养质量、综合实力得到空前的发展和提高。第二中学连年被评为郑州市教育教学先进单位、郑州市文明学校、郑州市德育工作先进集体等。

# 科技研发

新建路街道历年来加大科技投入力度，加快科技成果转化和技术进步。2002 年，郑韩化工有限公司的“烟叶醇化剂的开发利用”、兴华带钢有限公司的“铠装镀锌涂漆带钢生产线”和禄兴实业有限公司的“GC 液晶磨料微粉”3 个小星火科技项目取得突破性进展，新产品均已投入批量生产并取得显著效益，累计投入科技经费 10 万元；2003 年，申报小星火项目两个，累计投入科技经费 14 万元；2005 年以来，在科教兴市方面，办事处拨出专项经费增加科技投入，积极推广小星火项目，取得良好成果。

# 文化设施

## 新郑博物馆

1983 年 4 月成立新郑市文物保护管理所。2001 年 12 月前，新郑博物馆隶属于新郑市文化局；2002 年后，隶属于新郑市文物管理局；2010 年后，隶属于新郑市旅游和文物局。新郑博物馆负责全市文物保护工作，先后配合省、市文物部门对新郑裴李岗遗址、唐户遗址、郑韩故城宫殿区、作坊区及郑国祭祀遗址、郑国贵族墓地东马坑、许岗韩王陵等进行勘探和考古发掘，对全市开展调查，加强田野文物保护。1993 年 10 月，新郑博物馆开始建设；1994 年 11 月建成，位于新郑市区轩辕路西段；1995 年 11 月 21 日，正式对外开放，是河南省创建较早且馆藏文物较多的的县（市）级中型综合博物馆；2003 年，被评为国家 AA 级景区，是国家文物局公布的全国三级博物馆，郑州市公布的爱国主义教育基地。

新郑博物馆现有馆藏文物 6 万余件，藏品居河南省县级博物馆前列。藏品主要来源于征集、发掘、捐赠等。藏品按质地和用途分类主要有：铜器、陶器、瓷器、建筑材料、石刻、石器、铁器、玉器、印章、书法、绘画、牙骨、竹木、漆器、文房四宝、织绣、徽章、货币、近现代文物、标本等。其中，以商周青铜器和新石器时代裴李岗文化和仰韶文化时期的陶器、石器最具地方特色；有春秋战国时期的青铜礼乐器、兵器和生活生产用具以及裴李岗文化时期的陶器、石器、动物化石等，其中 50 万年前的纳玛象牙化石长 3.55 米，是国内同类象牙化石中最长的一枚。博物馆建筑区位于馆区中南部，由主楼、东西厢房和大门组成，占地面积 13000 多平方米，总建筑面积 4000 余平方米。博物馆利用新郑丰富的文物资源优势，致力于当地的文物保护、陈列展览社会教育等，先后接待过许多党和国家领导和大批海内外观众，共接待 100 余万人次，是展示新郑悠久历史和灿烂文化的重要窗口。1997 年，新郑博物馆被省文物局授予“优秀爱国主义教育基地”光荣称号；1998 年被评为全国文博系统先进集体；2000 年“郑韩故城出土文物展”被评为河南省文物系统十大“优秀陈列”；2002 年度在郑州文物藏品数据库信息化工程工作中被评为先进单位。

新郑博物馆　常书军　摄

新郑博物馆展厅　刘栓阳　摄

## 广播电视

1987 年，新郑有线广播开展有线机房正规化，信号传输专业化，喇叭安装标准化建设；截至 1991 年，城关镇街道和广场安装 120 只音箱；2005 年，新郑市有线广播全部被无线电台取代；2018 年，新郑人民无线广播电台仍播出节目。1986 年 10 月，辖区郑韩饭店楼顶建立了第一个电视差转台（功率 50 瓦，塔高 47 米），解决了城关镇与新村乡、城关乡、车站乡收看中央一套节目难的问题。1988 年，在府后巷北拨地 0.4 公顷，建立新郑电视台。截至 2018 年，随着 4G 手机的流行及网络带宽的增加，用手机看电视已成为普遍现象。

## 影剧院

1986 年新郑县的两家国营电影院都在本辖区，一家是老城区的人民影剧院，一家是新城区的东关电影院（即新郑电影院）。新郑县人民影剧院位于县城东大街，建于 1958 年 10 月。1995 年 7 月，影剧院被拆除。新郑电影院位于县城东关，建于 1980 年 10 月。1998 年，人民影剧院与新郑电影院合并，更名为新郑市影剧管理公司。2001 年电影放映活动基本停止。2002 年 12 月，影剧管理公司再次更名为炎黄文化中心。2005 年，炎黄文化中心划入新华路街道办事处管辖。

老照片——新郑电影院

老照片——人民影剧院（1963 年 6 月）

## 文化站

2007 年 8 月，新建路街道文化站成立，位于阁老路 295 号，与北街社区居委会合署办公。文化站设有图书阅览室，配备图书 5000 多册，电脑 10 台。社区文化活动场所 12 个，其中：社区文化活动室 6 个，文化活动场所面积共 5380 平方米，各社区文化活动中心正式对外免费开放。2009 年，在原有 3 个标准化文化大院的基础上，东街、南街、北关街社区按照文化大院标准，建立居民图书阅览室。文化站每年都有计划地开展文化活动，配合新建路街道党工委的中心工作，利用重大节日举办丰富多彩的文艺演出，使居民在娱乐的同时，也得到精神上的提升。2015 年，文化站组织文艺活动 10 次，观众 3000 人次。举办培训班 15 次，培训 2000 人次。举办展览 8 个，参观 1000 人次。本单位受训 10 人次。指导群众业务文艺团队 12 支。2016 年，各社区文化活动中心对外免费开放。2017 年，文化培训 13 期，培训 2500 人次。举办“十九大精神进万家”文艺巡演 4 场。有 3 个社区综合文化服务中心建成投入使用。2018 年，共组织舞蹈业务骨干 40 人参加新郑市艺术广场舞培训。街道组织北关街秧歌队、北街舞龙队、东关街军鼓队 3 支文艺队伍近百余人参加新郑市元宵节大型文艺文化活动展演。

文化惠民工程盘鼓比赛　刘栓阳　摄

## 群众文艺

1986 年前，演出市场有唱戏、唢呐、说书等。1987 年，新郑县社会文化管理委员会成立。1990 年，文化局演出公司成立。1998—2000 年，积极为农村找好戏，为好的演出团体找市场，仅 1999 年就接待戏剧团体 30 个，歌舞、杂技团各 2 个，大型马戏团 1 个，安排演出 1300 场次。2001—2005 年，演出市场处于平稳发展阶段。2006 年以后，新建路街道主要文化活动专注于每年三月初三的黄帝故里拜祖大典。

1988年，境内开始出现歌舞厅，第一家是位于东关口的“新华楼”歌舞厅。1992年发展到25家。1993年后，出现歌舞热潮，单位和个人争相兴办歌舞厅、迪厅、练歌房等，规模较大的宾馆、酒店都设有歌舞厅、卡拉OK厅。1999年歌舞热潮渐减，2010年之后，开始流行广场舞，由群众自发组织，参与者多为中老年人。现在辖区广场舞主要集中在黄帝故里百家姓广场。各社区尚保留有舞狮、龙灯、竹马、旱船、软故事等民间艺术形式，尤以东街、北街及北关街实力较强。

2004年，围绕创建“文明新郑”，组织举办了秧歌，舞狮子、龙灯娱乐活动10余次，群众性自娱自乐的文体活动更是遍布社区；2007年，按照郑州市标准化社区文化活动中心建设标准建成北街、西街和东关街3个社区文化活动中心；2008年，随着社区文化大院和故里广场的落成，社区居民组成自娱自乐的秧歌队、腰鼓队、健身队、说唱团等文艺团队；2010年12月，开展戏曲进社区活动；2016年，辖区有戏曲、军鼓、军乐、盘鼓、秧歌、舞龙、舞蹈、大铜器等群众性娱乐队伍15支；2018年，组织送戏曲进社区演出共计18场次。

2007—2018年，每年9月举办广场周末大家乐活动，辖区干部群众积极参与。

乡村音乐课　张剑华　摄

# 医疗卫生

## 街道卫生服务中心

街道卫生服务中心位于阁老路中段，成立于2010年12月30日，占地面积2000平方米，负责6个社区，24个居民小组，3万余人的医疗服务工作，是一所集疾病预防控制、全科医疗、儿童保健、健康教育、康复治疗及妇幼保健职能于一体的公立性医院，以中西医结合为特色。中心设有内科、中医科、妇科、外科、医学检查科、医学影像科、中医理疗科、计划免疫科和公共卫生科。截至2018年，有职工50余人，其中副主任医师1人，执业医师11人，主治医师5人，助理医师4人，主管护师2人，护师16人，护士3人，药师2人。2018年街道卫生服务中心为60岁以上老人健康体检4973人次，为中小学生体检3368人次，乳癌筛查600人次，建立电子居民健康档案37309人。街道卫生服务中心下辖5个社区卫生服务站（北街社区因故停办）。街道卫生服务中心实行以健康为中心、家庭为单位、社区为半径、需求为导向的服务宗旨，建立集预防保健、全科医疗、妇幼保健、康复治疗、

社区卫生服务中心片医走访居民家庭　刘栓阳　摄

医疗志愿者服务队为群众义诊　刘栓阳　摄

健康教育、计划生育指导为主的“六位一体”的连续性、综合性、低成本、高效率、方便群众的卫生服务体系。各服务站基本有：尿常规、血常规、血糖测定、心电图仪、B 超机等医疗设备。

## 新郑市疾病预防控制中心

新郑市疾病预防控制中心成立于 1958 年，位于郑韩路西段，占地面积 2.32 公顷，建筑面积 6208 平方米，实验室用房 2190 平方米。新郑市疾病预防控制中心有职工 134 人，其中卫生技术人员 65 人，高级专业技术人员 8 人，中级专业技术人员 26 人。新郑市疾病预防控制中心担负了全市防疫保障、疾病监测、卫生监督与监测、疾病预防与控制、突发卫生事件处理、卫生防疫培训与技术指导等工作；负责全市计划免疫接种、传染病防治、地方病防治、慢性病防治、市区除“四害”、食品卫生监测、公共场所卫生监测、职业病防治等重点工作。新郑市疾病预防控制中心拥有一流的疾病预防控制专业应急队伍和卫生检验监测实验室，是新郑市具有权威资质的职业卫生技术服务机构。2001 年，新郑市疾病预防控制中心被河南省卫生厅授予“先进卫生防疫站”荣誉称号；2011—2013 年，连年被郑州市卫生局评为年度郑州市艾滋病防治工作先进单位；2015 年，获得郑州市委、市政府颁发的“市级文明单位”称号；曾获郑州卫生应急工作先进集体、郑州市结核病防治工作先进集体等荣誉。

## 新郑妇产医院

新郑妇产医院位于新郑市新建北路64号，建于2010年5月26日。医院建筑面积3000多平方米，职工55名，医务人员35名，其中副高职称5人，中级职称8人；开放床位40张，设有妇产科、内儿科、妇科门诊、外科、围产期保健门诊、影像科、检验科等。医院已发展成为集医疗、保健、康复服务于一体的现代化妇产专科医院，是新郑市新农合、职工医保、城镇居民医保、生育保险定点医院。

作为一家现代化的妇产专科医院，新郑妇产医院硬件设施均按照国内先进标准进行建设。医院斥巨资引进全套德国STORZ宫腹腔镜微创诊疗系统、美国阿洛卡彩超、美国GE四维胎儿排畸彩超、第五代LEEP刀、全自动生化分析仪、BBT自凝刀治疗系统、OKV治疗仪（奥克微波治疗仪）第六代PC-2基因荧光定量仪、麻醉呼吸机等先进诊疗设备。新郑妇产医院是德国腔镜微创技术合作医院、意外怀孕制定援助机构、百姓放心示范医院、上海名医协会合作单位。

青年志愿者进社区，开展“创建文明城市 倡导健康生活”志愿服务活动 刘栓阳 摄

# 精神文明创建

新建路街道围绕《公民道德建设实施纲要》，加强对辖区居民精神文明建设的投入力度，广泛开展群众性精神文明创建活动。新建路街道成立学雷锋志愿服务大队，各社区、各部门成立中队，下属单位分层次成立小队。每年8月份开展“弘扬雷锋精神，开展志愿服务月”活动，引导社会各界积极参与志愿服务活动。

2001—2009年，围绕建设“诚信新郑”，弘扬“抗非精神”，积极开展“三讲一树”活动。以社区红白理事会为依托，街道大力实施婚育新风进万家，倡导厚养薄葬，丧事简办的理念，开展“十星”社区创建活动。

2013年9月，新建路街道在炎黄广场举办“迎国庆、讲文明、树新风、展风采”系列志愿者集中服务活动。街道在炎黄广场设置服务台，向群众发放各类宣传材料，宣讲政策法规和义诊服务。由办事处牵头，团委、妇联组织不少于20人的志愿服务小分队，到新郑市光荣院帮助老人打扫卫生、为老人理发、照料生活等；由办事处环卫所牵头，在辖区开展打扫卫生、清除小广告、劝导不文明交通行为等活动。文化站组织了一支30多人的盘鼓队，开展文艺宣传活动。

2001—2018年，新建路街道获得郑州市“道德规范进万家，诚实守信万人行”活动的先进集体、郑州市精神文明建设先进集体等荣誉。

践行城市精神表彰　刘栓阳　摄

# 艺文

LOCAL RECORDS OF XINJIANLU

# 诗 词

## 诗经·郑风

### 缁 衣

缁衣之宜兮，敝予又改为兮。适子之馆兮。还予授子之粲兮。
缁衣之好兮，敝予又改造兮。适子之馆兮，还予授子之粲兮。
缁衣之席兮，敝予又改作兮。适子之馆兮，还予授子之粲兮。

### 将仲子

将仲子兮，无逾我里，无折我树杞。岂敢爱之？畏我父母。仲可怀也，父母之言亦可畏也。

将仲子兮，无逾我墙，无折我树桑。岂敢爱之？畏我诸兄。仲可怀也，诸兄之言亦可畏也。

将仲子兮，无逾我园，无折我树檀。岂敢爱之？畏人之多言。仲可怀也，人之多言亦可畏也。

### 叔于田

叔于田，巷无居人。岂无居人？不如叔也。洵美且仁。
叔于狩，巷无饮酒。岂无饮酒？不如叔也。洵美且好。
叔适野，巷无服马。岂无服马？不如叔也。洵美且武。

### 大叔于田

叔于田，乘乘马。执辔如组，两骖如舞。叔在薮，火烈具举。袒裼暴虎，献于公所。将叔勿狃，戒其伤女。

叔于田，乘乘黄。两服上襄，两骖雁行。叔在薮，火烈具扬。叔善射忌，又良御忌。抑罄控忌，抑纵送忌。

叔于田，乘乘鸨。两服齐首，两骖如手。叔在薮，火烈具阜。叔马慢忌，叔发罕忌，抑释掤忌，抑鬯弓忌。

## 清 人

清人在彭，驷介旁旁。二矛重英，河上乎翱翔。

清人在消，驷介麃麃。二矛重乔，河上乎逍遥。

清人在轴，驷介陶陶。左旋右抽，中军作好。

## 羔 裘

羔裘如濡，洵直且侯。彼其之子，舍命不渝。

羔裘豹饰，孔武有力。彼其之子，邦之司直。

羔裘晏兮，三英粲兮。彼其之子，邦之彦兮。

## 遵大路

遵大路兮，掺执子之袪兮，无我恶兮，不寁故也！

遵大路兮，掺执子之手兮，无我魗兮，不寁好也！

## 女曰鸡鸣

女曰鸡鸣，士曰昧旦。子兴视夜，明星有烂。

将翱将翔，弋凫与雁。弋言加之，与子宜之。

宜言饮酒，与子偕老。琴瑟在御，莫不静好。

知子之来之，杂佩以赠之。知子之顺之，杂佩以问之。

知子之好之，杂佩以报之。

## 有女同车

有女同车，颜如舜华。将翱将翔，佩玉琼琚。彼美孟姜，洵美且都。

有女同行，颜如舜英。将翱将翔，佩玉将将。彼美孟姜，德音不忘。

## 山有扶苏

山有扶苏，隰有荷华。不见子都，乃见狂且。

山有乔松，隰有游龙，不见子充，乃见狡童。

## 萚兮

萚兮萚兮，风其吹女。叔兮伯兮，倡予和女。
萚兮萚兮，风其漂女。叔兮伯兮，倡予要女。

## 狡童

彼狡童兮，不与我言兮。维子之故，使我不能餐兮。
彼狡童兮，不与我食兮。维子之故，使我不能息兮。

## 褰裳

子惠思我，褰裳涉溱。子不我思，岂无他人？狂童之狂也且！
子惠思我，褰裳涉洧。子不我思，岂无他士？狂童之狂也且！

## 丰

子之丰兮，俟我乎巷兮，悔予不送兮。
子之昌兮，俟我乎堂兮，悔予不将兮。
衣锦褧衣，裳锦褧裳。叔兮伯兮，驾予与行。
裳锦褧裳，衣锦褧衣。叔兮伯兮，驾予与归。

## 东门之墠

东门之墠，茹藘在阪。其室则迩，其人甚远。
东门之栗，有践家室。岂不尔思？子不我即！

## 风雨

风雨凄凄，鸡鸣喈喈，既见君子。云胡不夷？
风雨潇潇，鸡鸣胶胶。既见君子，云胡不瘳？
风雨如晦，鸡鸣不已。既见君子，云胡不喜？

## 子衿

青青子衿，悠悠我心。纵我不往，子宁不嗣音？
青青子佩，悠悠我思。纵我不往，子宁不来？
挑兮达兮，在城阙兮。一日不见，如三月兮。

### 扬之水

扬之水，不流束楚。终鲜兄弟，维予与女。无信人之言，人实迋女。

扬之水，不流束薪。终鲜兄弟，维予二人。无信人之言，人实不信。

### 出其东门

出其东门，有女如云。虽则如云，匪我思存。缟衣綦巾，聊乐我员。

出其闉阇，有女如荼。虽则如荼，匪我思且。缟衣茹藘，聊可与娱。

### 野有蔓草

野有蔓草，零露漙兮。有美一人，清扬婉兮。邂逅相遇，适我愿兮。

野有蔓草，零露瀼瀼。有美一人，婉如清扬。邂逅相遇，与子偕臧。

### 溱 洧

溱与洧，方涣涣兮。士与女，方秉蕑兮。女曰观乎？士曰既且，且往观乎？

洧之外，洵訏且乐。维士与女，伊其相谑，赠之以勺药。

溱与洧，浏其清矣。士与女，殷其盈矣。女曰观乎？士曰既且，且往观乎？

洧之外，洵訏且乐。维士与女，伊其将谑，赠之以勺药。

## 白居易诗二首

### 经溱洧

［唐］白居易

落日驻行骑，沉吟怀古情。

郑风变已尽，溱洧至今清。

不见士与女，亦无芍药名。

### 宿荥阳

［唐］白居易

生长在荥阳，少小辞乡曲。

迢迢四十载，复向荥阳宿。

去时十一二，今年五十六。
追思儿戏时，宛然犹在目。
旧居失处所，故里无宗族。
岂唯变市朝，兼亦迁陵谷。
独有溱洧水，无情依旧绿。

## 高拱诗二首

### 郑庄宴集

[明]高拱

上公开胜宴，剑履集城南。地敞花香人，亭虚水气含。
窥筵喧杂鸟，列障起层岚。敢接夔龙武，追陪愧盍簪。

### 别 墅

[明]高拱

素心耽旷寂，沉迹向林垌。岩壑天开胜，龟龙地伏灵。
著书云外阁，观稼雨中亭。烟路谁驰勒，山猿莫浪惊。

## 新郑古八景诗四首

### 塔寺晚钟

[清]刘桢

野寺高盘千仞峰，暮僧塔下捣寒钟。
钟凭塔韵开三昧，塔引钟声彻九重。

### 溱洧秋波

[清]陈大忠

密水潺湲汇永新，分溱合洧净无垠。
百川一灌狂澜倒，砥柱还须籍后人。

顺治《新郑县志》八景图之溱洧秋波

顺治《新郑县志》八景图之锦堂春色

### 南桥风雪

[ 清 ] 高世则

雪黯雪飞触处凄，临流矼上意偏稽。

与来漫赋寻梅句，笑指梨花亲马蹄。

### 锦堂春色

[ 清 ] 张光祖

古来艳语芾棠霒，争似锦堂千载钦。

只为当年遗爱远，常留春色醉人心。

# 成语典故

## 多行不义必自毙

出自《左传·隐公元年》。意指：一个人若不仁义的事情做多了，必定会自取灭亡。春秋时期，郑国君王郑武公有两个儿子。郑武公死后，由他的大儿子郑庄公继位。可是庄公的弟弟共叔段在偏爱他的母亲姜氏的支持下，竭力扩充自己的封地，积极进行夺取王位的准备工作。郑庄公的大臣祭足知道后，力劝庄公，说："共叔段的势力已经很强了，再这样下去，您的王位会被他篡取的！"庄公听了，却道："多行不义必自毙，子姑待之。"果真，共叔段的势力在不断扩大，将郑国的西、北部边境招于自己门下，直至廪延。同时，他不停地修筑城池、屯田积兵，并让其母亲姜氏里应外合，攻下郑都。庄公早有防备，趁共叔段进军郑都时，出奇兵攻其巢穴。长久受共叔段压迫的百姓们也参与了战斗，使共叔段兵败，逃亡他处，而庄公出军追杀，最后使共叔段走投无路，被逼自杀。

## 东道主

出自《左传·僖公三十年》。因当时郑国在秦国之东，接待秦国使节故自称"东道主"，后指接待或请客的人。公元前630年九月十三日，晋文公和秦穆公的联军包围了郑国国都。郑文公派老臣烛之武私下说服秦穆公。烛之武对秦穆公说："秦晋联军攻打郑国，郑国怕是保不住了。但郑国灭亡了，对秦国并无一点好处。因为从地理位置上讲，秦国和郑国之间隔着一个晋国，秦国要越过晋国来控制郑国，恐怕是难以做到，到头来得到好处的还是晋国。晋国的实力增加一分，就是秦国的实力相应地削弱一分啊！"秦穆公觉得烛之武说得有理，烛之武于是进一步说："要是你能把郑国留下，让他作为你们东方道路的主人。你们使者来往经过郑国，万一缺少点什么，郑国一定供应，做好充分的安排，这有什么不好？"秦穆公被说服了，他单方面跟郑国签订了和约，晋文公无奈，也只得退兵了。

## 言不由衷

出自《左传·隐公三年》。意指说的话心口不一，不是真心话。春秋时期，郑庄公任周朝的卿士，执掌朝廷大权。他凭借自己的势力和地位，不把周天子放在眼里。当时任天子的周平王是一个软弱无能的人，他不得不依靠郑庄公处理朝政，却对忌父十分信任，想让他代替郑庄公处理朝政。郑庄公知道这件事后，对周平王特别不满。周平王非常害怕，赶紧向郑庄公解释说，他没有让忌父取代郑庄公的想法。为了取得郑庄公的信任，他让周太子狐到郑国去作人质，而郑公子忽则到周朝来做人质。公元前720年，周平王死去，他的孙子姬林继位，史称周桓王。周桓王也想让忌父代替郑庄公当卿士，掌管朝政。郑庄公知道后大怒，派大夫祭足领兵马，到周朝的封地收割麦子，并全部运回郑国。到了秋天，祭足又带领兵马到周朝成周，把那里的谷子全部割掉，运回郑国。从此，郑周之间的关系愈加恶化，彼此间结下了仇恨。“说的话不是发自内心，即使互换人质也是没用的。”这是当时的史官对这件事的评论。

## 一见如故

出自《左传·襄公二十九年》。意为初次相见就如老朋友一样。公元前 545 年，吴国公子季札到郑国聘问，见了执政子产，“如旧相识”。季札给子产赠送白绢大带，子产给季札献上麻布衣服。公子季札对子产说：“郑国的执政者奢侈，祸难将要来临了！政权必然落到您手中。您执政，要用礼来谨慎地处事。否则，郑国将会败亡。”此后以“一见如故”形容朋友初见情投意合。

## 操刀伤锦

出自《左传·襄公三十一年》。意为用刀切割那些带有美丽花纹的丝织品，难免使其遭到损坏，后来用作形容才力不足，难以担当重任。春秋时，郑相子产和大夫子皮同为郑国重臣。子皮想让自己的亲信尹何做封地的宰邑，就去征求子产的意见。子产说：“他太年轻，不知道能否胜任。”子皮解释说：“他为人忠厚，我喜欢他，他也不会背叛我。如让他到封地去学习，他会学会如何治理封邑的。”子产说：“这样做不行。因为爱一个人，总要考虑那个人的利益。现在你派自己喜欢的人去管理政务，就像让一个不会用刀的人去切割东西，难免会伤害到他。这样做谁敢博取你的喜欢呢？你在郑国，乃栋梁之材。栋梁折断，椽子无疑会崩塌，这是我不愿看到的。这是我的心里话。你如有美丽的织锦，是不会让没有技能的人去剪裁的。同理，大的官职，大的城邑，是自身赖以生存的东西，却让人去学习治理，这与美锦相比，不是重要得多吗？我听说只有学习以后，才能参与政务管理，没听说先做官而后学习的。如果这样做了，其害无穷。”子皮说：“我真糊涂呀！我听说君子务要考虑大的和远的事情。而小人则只看重小的和近的事情，我就是这样的小人啊！衣服穿在我的身上，我知道爱惜它、慎重对待它。然而对于重要的官职和自己的封邑，这是自己的庇身所在，我却疏忽大意而轻视它，在没有听取你的意见以前，我不知道这个道理。我从前说过，你治理郑国，我管好自己的家族就可以了。今天才知道这还不够。”从此以后，子皮认为子产为人忠诚，勤于政事，就推荐子产为郑国执政。

## 宾至如归

出自《左传・襄公三十一年》。意指待人热情周到，让人感觉像回到家一样。春秋时，郑国子产奉郑简公之命，出访晋国。晋平公摆出大国架子，没有迎接他。子产就命令随行人员把晋国的宾馆围墙拆掉，把车马开进去。晋国大夫士文伯责备子产说道："我国为保证诸侯来宾的安全，所以修了宾馆，筑了高墙。现在你们把墙拆了，来宾的安全由谁负责？"子产回答道："我们郑国小，所以要按时前来进贡。这次贵国国君没有空闲接见我们。我们带来的礼物既不敢冒昧献上，又不敢让这些礼物日晒夜露。我听说从前晋文公做盟主时，接待诸侯来宾并不这样。那时宾馆宽敞漂亮，诸侯来了，像到家里一样。而今，你们的离宫宽广，宾馆却像奴隶住的小屋，门口窄小，连车子都进不去，客人来了不知什么时候才能被接见。这不是有意叫我们为难吗？"士文伯回去向晋平公报告。晋平公自知理亏，便向子产认错道歉，并立刻下令重修宾馆。

## 郑人买履

出自《韩非子・外储说左上》。意指告诉人遇事要会变通，不要死板教条。从前有一个郑国人，想去买一双新鞋子，于是事先量了自己的脚的尺码，然后把量好的尺码放在家里的座位上。到了集市，挑好鞋子后，才发现忘了带尺码，就返回家中去取。等他返回集市的时候，集市已经散了，他最终没有买到鞋子。有人问："你为什么不用自己的脚去试试鞋子？"他回答说："我宁可相信量好的尺码，也不相信自己的脚。"

## 买椟还珠

出自《韩非子・外储说左上》。讽刺只重外表，不顾实质，本末倒置。从前有一个在郑国卖珠宝的楚国人，他用名贵的木兰雕了一只装珠的匣子，将盒子用桂椒调制的香料熏制，用珠宝和宝玉点缀，用美玉联结，用翡翠装饰，用翠鸟的羽毛连缀。有个郑国人把匣子买了去，却把匣子里面的珠子还给了他。韩非子评价说，这个珠宝商人很善于卖盒子，而不善于卖珠宝。

# 街区管理

LOCAL RECORDS OF XINJIANLU

新建路街道探索新型社区管理模式，以城区拆迁改造服务中心、绿化建设服务中心和社区管理服务中心进行街区管理市场化运作的尝试和实践，管理模式基本成熟，实现社会效益和经济效益双赢。2001 年，街道成立街道环卫所，加大街区容貌环境卫生的综合整治；治安管理方面，建立健全综合治理机构，落实治安承包责任制，进一步完善楼院封闭管理网络，同时积极开展法制宣传，疏导解决民事纠纷，维护辖区安定、和谐的局面。2018 年，街道围绕中心城区建设，突出旧城改造和街道管理创新两个重点，着力构建现代化新型社区。

## 环卫管理

新建路街道积极采取措施，依法行政，治理脏、乱、差，杜绝门外经营，规范门头设置，无垃圾、无乱摆摊设点、无乱停乱放现象；对辖区主干道的各企事业单位、个体门店实行“三包”责任制，即包卫生、包绿化、包秩序；建立健全各项管理规章制度，做到门前卫生整洁，车辆停放有序，花草树木保护良好；对辖区的垃圾实行袋装化管理，有卫生队专门负责，制定严格的管理制度；配备清洁车，做到日产日清，垃圾袋装率 70% 以上，清运率 100%；在主要街道设置果皮箱，保持箱体整洁，周围无暴露垃圾，无污水流溢，无蝇蛆；实行“一日两扫、全天保洁”管理制度。

街道配备 83 人的保洁队伍，配备基本的清扫工具有：扫帚、撮斗、三轮车；另有铲车 1 辆、垃圾运输车 102 辆、洒水车 1 台、扫地车 1 台、道路洗扫车 1 台、封闭式垃圾清运车 1 台、道路清洗设备 1 套。辖区有压缩式垃圾中转站 5 座，负责日产生活垃圾的清运。

2006 年，启用故里西侧垃圾中转站。

2008 年，投入 2.5 万元，组织 1400 人次、车辆 200 余台次清运垃圾、杂物、渣土等 800 余方；投入资金 1.6 万元，增加 17 辆环卫保洁车。

2009 年，组织 1500 人次、车辆 200 余台次清运垃圾、杂物、渣土等 1000 余方。

2010 年，清理卫生死角 136 处，清除垃圾、杂物 460 吨。

2014 年，筹资购置清扫保洁车 25 辆，卫生死角 36 处，清除积存垃圾 7200 余吨，放置垃圾桶、果皮箱 230 个。

2015 年，投入人力 2.1 万余人次，出动机械车辆 2.4 万余台次，清理辖区内垃圾、杂物 16860 余处。

环卫管理 刘栓阳 摄

2016 年，配备 2 台机械化清扫车，每天清洁主次干道 6 次，70 多名环卫工人分布在辖区内的大街小巷内，严格按照保洁要求全天进行保洁。双洎河流域封堵排污口 35 个。

2018 年，新增大型雾霾炮车一台、洒水车两台及保洁车，提升对辖区主次干道进行高频次清洗除尘降温作业，机扫率达 85% 以上，清运垃圾 13 处，出动机械 230 余台次，清除总量为 4300 立方米。

新建路街道本着“谁污染，谁治理”的原则，加强环境保护工作。2015 年 12 月，街道设环境保护办公室，正股级编制，配置 5 人。截至 2018 年，辖区企业环保设施运行正常，工业污染源持续稳定达标 98% 以上，未发生一起重大污染事件。饮用水源符合卫生标准，工业废水排放达标，医源性废弃物焚烧处理率达到 100%，大气质量良好。

## 治安管理

新建路街道自成立伊始，设立社会治安综合治理委员会办公室，简称综治办。综治办以“护航经济建设、深化改革和治安整顿”为中心，坚持“打击、防范、管理、建设”四结合的原则，对重点人口实行分层次管理，对危险品进行严格管理，对辖区保存、使用爆炸物品的单位和个人，建立健全安全岗位责任制，进行登记备案和日常检查，对不符合规定的，责令限期整改。辖区派出所在 6 个社区建立和完善基层治安室、治保会，稳定社会秩序，治安案件呈下降趋势。

2010—2017 年，坚持以社会面“网格化”防控开展巡逻工作。通过警民联合巡逻、办事处巡防队协同巡逻、看楼护院等形式，建立社区“联防、互防、自防”三防一体的防控网络体系，做到巡逻防范区域、人员、地段、时间、路线、职责任务“六明确”。2018 年，新建路街道强化社会治安综合治理，建设“平安街道”，组织开展大小宣传活动 70 余次，发放宣传彩页 35000 余份；建成镇级综治中心 1 个，社区综治中心 6 个，成立“新郑正义哥”志愿者队伍 8 支，有效地巩固了辖区社会大局的稳定，提升了辖区居民的幸福感指数。

## 人口管理

落实好城区人口管理服务工作，实行“属地管理、法人责任、居民自治、社区服务”的工作机制，新建路街道利用每年春季集中活动开展人口清查和信息核对，对缺项和漏项的全员人口进行入户核对，对接派出所使信息核查准确率达到 99.5%，提高城区已婚育龄妇女健康检查率。完善划片切块、责任到人的网格化管理服务模式，推进“走进社区、服务家庭”的服务活动。

实行流动人口“均等化”管理服务工作机制，实现“统筹管理、均等服务、区域协作、信息交流、综合治理”的管理模式。坚持“十清”要求，每月对流动人口进行一次清查，采集、核查、登录相关信息，建立档案，规范化管理，把所有流动人口纳入管理服务的范围之内；坚持“六清五及时”原则，为流动人口提供宣传教育、办证验证、技术免费、维权等各项服务，转变服务形式，拓展服务内容，注重服务效果；推进流动人口信息化建设；利用元旦节春节“双节”、“5・29”健康日时期开展走访、慰问、帮扶等关心流动人口的生产生活问题。

# 名人与名街

LOCAL RECORDS OF XINJIANLU

# 黄　帝

轩辕黄帝（距今约5000年），姓公孙，有熊部落首领少典之子，于三月初三生于轩辕之丘，故称轩辕氏。

据传，黄帝生而聪明，早慧机敏，青少年时期生活在姬水河畔，故又称姬姓，十五岁时继其父位成为有熊部落的首领。

黄帝自幼就习兵练武，锄强扶弱，修习德行，除暴安良。黄帝会合炎帝并联合周边部落，与蚩尤决战于涿鹿的郊野，最后以战车合围战术大败蚩尤，蚩尤逃至中冀被擒杀。此时各部落都归顺黄帝，炎帝心中不服，就进攻欺压其他部落。黄帝又联合以熊、罴、貔、貅、貙、虎为图腾的6个部落和炎帝部落决战于阪泉，经过三次大战，才彻底征服了炎帝部落。从此这些周边部落融为一体，成为黄帝的部属。黄帝又乘胜往北驱逐了荤粥部落，并于釜山与众部落首领会盟，各部落首领都拥立尊奉黄帝为天子，取代了神农氏炎帝的位置。

黄帝故里牌坊

黄帝势力范围所及，东至海边，南达长江，西到陇右，北达燕山。随着人丁繁衍增多，形势日益稳定，黄帝率众南归回到故土有熊（今新郑市），定都于此。

黄帝统一中原，开创古文明和古文化的先声。他肇造中华文明，被后世尊为华夏人文始祖。

## 郑武公

郑武公，姬姓，名掘突，郑桓公之子，春秋时期郑国第二任国君。公元前 767 年，郑武公灭了东虢国，先后灭掉共国、祭国、邗国、应国，又吞并周边鄢、蔽、补、丹、依、䟃、历、莘八邑，开拓了郑国疆域。公元前 765 年，郑武公把国都迁到洧溱二水交汇之处，尽收郐、虢之地和寄帑的十邑之众，成立新的郑国，以区别于原来陕西西华县的郑国，故称新郑。公元前 744 年，郑武公病卒，葬于新郑城西十里处，俗称武公冢。

## 郑庄公

郑庄公，姬姓，名寤生，郑武公之长子，郑国第三任国君。公元前 720 年，周平王卒，太子姬狐从郑国回朝继位，因哀伤过度病卒。郑庄公和周伯黑肩扶立姬狐之子姬林为天子，是为周桓王。公元前 719 年，卫国联合宋国、陈国、蔡国攻打郑国。郑庄公联合郲国军队，大败宋军，攻入宋都外城。公元前 714 年，北戎侵郑。郑庄公采纳公子突的建议，把敌人分段截割，各个包抄，一举全歼，获得了春秋史上反戎战争的第一次全胜。公元前 707 年，周桓王亲率王师并征调陈、蔡、卫三国之军联合进攻郑国，战于繻葛，郑庄公率师抵御，射王中肩，大败王师。繻葛之战使周天子威信扫地，自此诸侯并起争霸。公元前 701 年五月，庄公病卒。

## 烛之武

烛之武，郑国圉正。公元前 630 年九月，晋文公重耳联合秦穆公出兵伐郑，包围郑国都城。郑国大夫佚之狐向郑文公推荐烛之武前去谈判。烛之武来到秦军大营，劝说秦穆公放弃晋国并与郑国结盟，共同对付晋国。晋文公见大势已去，明智收兵，郑国解围。郑文公封烛之武为大夫，食邑城东烛城。

## 弦　高

弦高，郑国商人。公元前 628 年，郑文公去世，秦军趁机出兵攻打郑国。弦高贩牛路过滑国时遇上秦军，得知秦军袭郑的消息，立即派同行的奚施回郑国告急，又让蹇他先带 4 张上等牛皮为礼，去见秦军主帅。弦高换上使者服装，乘车去犒劳秦军。秦军主帅孟明视召见弦高。弦高施礼道："在下弦高，是郑国使者，奉国君之命特来犒劳秦军，郑国虽小，秦军若要驻扎，我们将供应食物、草料，若是经过，定派人守夜，负责安全。"说罢，命人牵过 12 头牛献上。郑穆公接到弦高的信，传令军队进入战备状态。秦军见郑国都城戒备森严，灭滑国后返回秦国。郑穆公以存国之功赏赐弦高，弦高坚辞不受。

## 子　产

子产，姬姓，名侨，字子产，又字子美，郑穆公之孙，公子发（字子国）之子，诸侯以国为氏，诸侯之子称公子，公子之子称公孙，故又称公孙侨。

公元前 563 年，郑国发生北宫之乱，子产沉着机智，部署周密后，始率家兵攻打北宫，在国人支援下平息了动乱。新任执政公子嘉强行制订盟书，引起贵族大臣反对。子产力劝公子嘉焚毁盟书，平息众怒，以稳定政局。

公元前 554 年，子产立为卿，任少正。公元前 543 年，郑国执政伯有被杀。子产出任执政。任国卿期间，子产实行一系列政治改革，承认私田的合法性，向土地私有者征收军赋；铸刑书于鼎，为我国最早的成文法律。子产主张保留"乡校"、听取"国人"意见，善于因才用人，采用"宽猛相济"的治国方略，将郑国治理得秩序井然。内政方面，子产积极团结七穆，维护郑国的稳定；改良井田制度、赋税制度，促进经济发展；颁布成文法，加速法制化进程。子产工于辞令，面对大国不卑不亢，维护了郑国的独立地位，赢得了良好的发展空间。公元前 522 年，子产卒，郑人皆哭。孔子闻讯，出涕曰："古之遗爱也。"

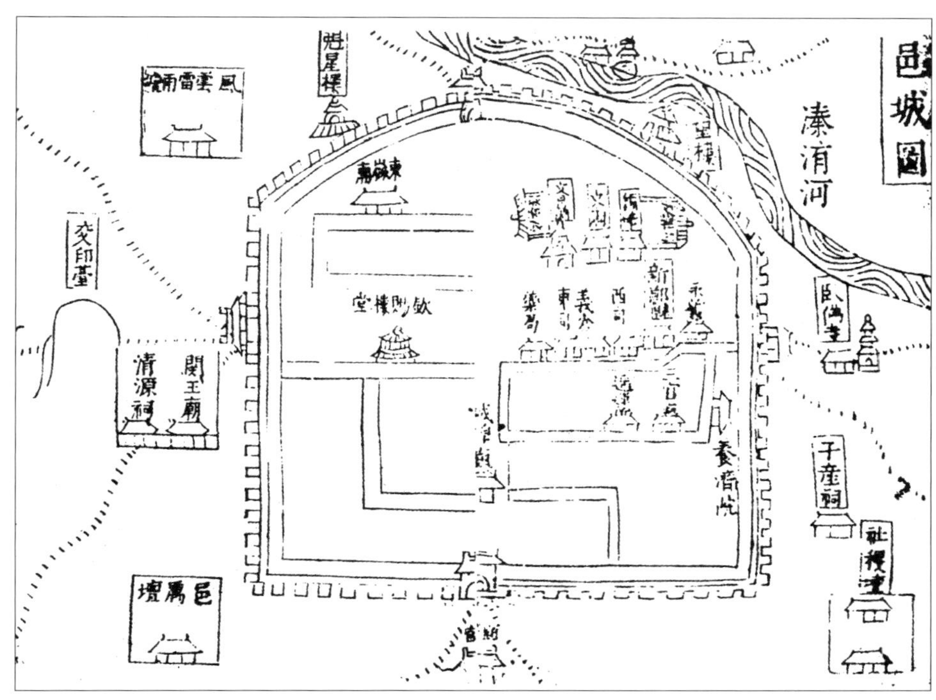


顺治《新郑县志》邑城图——子产祠

## 申不害

申不害，亦称申子，战国时期思想家、法家重要代表人物之一。申不害著有《申子》，是春秋战国时期百家争鸣中的代表人物。公元前 355 年，申不害为韩相，在韩国推行“法”治、“术”治，整顿吏治，整肃军兵，内修政教，外应诸侯，重视和鼓励发展手工业，使韩国政局得到稳定，史称“终申子之身，国治兵强，无侵韩者”。韩昭侯二十七年（公元前 337 年），申不害卒于韩都（今新郑）。

## 韩　非

韩非，韩王歇的儿子，战国末期杰出的思想家、哲学家和散文家。韩非针对韩国变法不彻底的弊病，多次上书韩王，但其主张始终得不到采纳。他报国无门，遂发愤著书立说。秦王怕韩非为韩王所用，于公元前 233 年强邀韩非入秦。韩非出使秦国，为秦相李斯陷害，在狱中被逼服毒自杀，终年 47 岁。韩非将商鞅的“法”、申不害的“术”和慎到的“势”集于一身，是法家思想、先秦诸子百家思想的集大成者。韩非的法家思想后来被秦王嬴政所用，富国强兵，最终统一六国。韩非著有《韩非子》一书，共 55 篇，十万余字，在先秦诸子散文中独树一帜，集中表述了韩非的哲学观点。

## 郑　国

郑国，韩国都城新郑人，战国时期水利专家。郑国曾任韩国水利事务的水工（官名），参与治理荥泽水患以及整修鸿沟之渠等水利工程。公元前 237 年，郑国受命赴秦，游说秦王嬴政凿渠溉田，图谋削弱秦国国力，使其无力东征。秦国采用郑国建议，命其开凿引泾渠道。郑国历经十年开渠导水，使关中八百里秦川成了沃野良田，粮食产量大增，直接支持了秦国统一六国的战争。为纪念郑国的功绩，时人遂称该渠为郑国渠。

## 高　拱

高拱，字肃卿，号中玄，祖籍新郑高老庄，后迁县城北街。父高尚贤，高拱为第三子。1562 年，高拱升礼部左侍郎兼学士。次年改吏部左侍郎。1566 年，以礼部尚书兼文渊阁大学士入阁参与机务。1572 年六月，为张居正与太监冯保所构陷罢官，返回新郑居住。1578 年十二月卒，葬新郑北郊。1602 年，冤案得平，追赠太师，谥文襄。高拱是明代中后期著名的政治家，是隆庆后期改革的开创者和万历初年改革的奠基者。高拱是理学、心学的批判者和实学、气学的倡导者，其著作有《高文襄公集》《边防纪事》《病榻遗言》等。

## 张光祖

张光祖，字大光，号岣嶂，清代新郑县城关镇人。1662 年，张光祖出任四川提督学政。他重品行，识英才，选拔皆才俊；卸任归里后，治家御下甚严，处邻里和睦。张光祖著有《广曾稿》《见山草劝学书》《暇余谈诗文》等，参与编纂顺治十六年（1659 年）《新郑县志》。1680 年三月初九去世，名列四川名宦和新郑乡贤祠。

## 刘 桢

刘桢，字公千，号钟嵩，清代新郑城关北街人。1648年考取拔贡，初任潮州通判，历任江南镇江府同知、大理寺少卿、正卿、刑部江南司郎中、黎平知府，重视农耕，发展生产，奖励招徕，振兴文教，兴办学校，教化百姓，改革陋俗，人民得以安居乐业。1690年，刘桢病逝，葬在县城东南祖茔。刘桢善于文学，著有《摭言纪略》《燕间杂录》《庭训》等，并作个人生平年谱，史料价值较高。

# 革命烈士

在解放新郑的过程中牺牲的烈士，陆续被安葬于新郑市南关双洎河南岸凤台寺旧址的烈士陵园内，共计36位烈士迁葬于此。36位烈士中有：刘文田、伍岛均、宋振坤、李泉水、张相先、韦成章、张安、桑祖父、蒋贻常、吕四波、周子和、王国章12人有名可记，其余24人无名可考。2001年11月12日，新郑市人民政府公布为新郑市文物保护单位。

另，出生在辖区的烈士有：

王培，男，1928年生，城关镇西街人。1947年参加革命，1948年牺牲。

张钦，男，1926年生，城关镇南街人。1948年参加革命，174师522团2排4班战士，同年11月在永城县前乔家村牺牲。

胡兆祥，男，1928年生，城关镇东街人。1949年参加革命，16军46师战士，1950年7月在西南剿匪中牺牲。

于付选，男，1925年生，城关镇东街人。1948年1月参加革命，15军43师战士，1950年在江西失踪，1962年被追认为烈士。

赵连枝，男，1922年生，城关镇东街人。1948年7月参加革命，15军45师134团3营7连战士，1950年在江西失踪，1962年被追认为烈士。

李天佑，男，1928年生，城关镇北街人。1948年5月参加革命，中共党员，中国人民志愿军26军78师232团战士，曾立大功一次，二、三等功各一次。1951年3月在朝鲜京畿道扬州郡178高地牺牲。

刘相辰，男，1931年生，城关镇北街人。1948年参加革命，中国人民志愿军20兵团

203 师战士，1951 年在朝鲜失踪，1962 年被追认为烈士。

张保林，男，1930 年生，城关镇北街人。1949 年参加革命，中共党员，中国人民志愿军 15 军 44 师 132 团 2 营 6 连副排长，曾立二等功一次。1952 年 10 月在朝鲜江原道平康郡平康面土堆里牺牲。

李长春，男，1950 年生，城关镇南街人。1969 年参加革命，中共党员，成都军区汽车 27 团 1 营指导员，曾立二等功一次。1974 年 10 月在四川省天全县二郎山青衣江牺牲。

# 大事纪略

## 黄帝建都有熊之墟

5000 多年前，中华民族的人文始祖黄帝生于轩辕丘（今新郑县城北关），并在此建都，国号有熊，新郑古称有熊之墟。

轩辕黄帝雕塑　祝世博　摄

## 郑国迁都新郑

周平王二年（公元前 769 年），郑武公灭郐，把国都从咸林（今陕西省华县东）东迁至溱水、洧水之间高地，取名新郑，建都于此。初迁时，遍地荒凉，多蓬蒿藜藿。

郑韩故城遗址俯瞰　刘栓阳　摄

## 子产兴郑

周景王二年（公元前 543 年），郑相子皮让贤，请子产执国政。为发展农业生产，子产“作封洫”（即整顿田地疆界和沟洫）。周景王三年（公元前 542 年），郑人游于乡校（乡村学校），议论执政得失。大夫然明请毁乡校。子产说：“是我师也，若之何毁之？”

周景王七年（公元前 538 年），子产作丘赋（即按田亩征发军赋），遭国人非议。周景王九年（公元前 536 年）春，子产铸刑书（把郑国的刑法铸在大鼎上公布）。晋执政官叔向遣使寄书反对，说：“民知事端，将弃礼而征于书。”子产答书说，目的在于救世。周景王二十三年（公元前 522 年），子产死，国人莫不哀痛，孔子赞之为“古之遗爱”。

## 韩灭郑迁都于新郑

周烈王元年（公元前 375 年），韩哀侯灭郑，国都由阳翟（今河南禹州市）迁至新郑。

## 南街出土莲鹤方壶等大量文物

民国十二年(1923年)8月25日，县城南街退役军官李锐(字坤山)家在门前菜园打井，挖出郑国宗庙祭祀器91件，青铜器、玉、陶、瓷瓦片53件，贝锯、蚌、牙骨351件，古铁两块，青铜莲鹤方壶一对。河南省教育厅于李坤山宅旁立碑，由靳云鹗撰文纪之。后这批文物分别收藏于河南省博物馆、北京故宫博物院，成为国家珍贵文物。

## 新郑县城解放

1948年6月12日，陈赓、谢富治大军攻打新郑县城。国民党部队暂编26旅2团逃窜。解放军进入县城，张贴“新郑县人民政府布告”，开仓济贫，数天后撤走。10月21日，人民解放军解放新郑县城。国民党新郑县县长毛汉民带领赵伯璜、欧阳广中、朱子美逃往郑州，建立流亡县政府，策划回县征粮派款，继续进行反革命活动。10月22日，郑州解放，流亡县政府消亡。

老照片——新郑城关各界庆国庆

## 郑韩故城被评为全国重点文物保护单位

1961 年 3 月 4 日，郑韩故城被国务院评为第一批全国重点文物保护单位。

郑韩故城　王颂　摄

## 炎黄文化节开幕

1992 年 4 月 5 日（农历三月初三），新郑县人民政府首开寻根拜祖节，又称炎黄文化节。

## 新建路街道办事处成立

2001 年 11 月 13 日，经河南省政府批准，新郑市城关镇更名为新建路街道办事处，原区划不变，下辖 6 个社区居委会。

## 丙戌年黄帝故里拜祖大典举办

2006 年 3 月 31 日（农历三月初三），在新郑黄帝故里景区隆重举行丙戌年黄帝故里拜祖大典，主题为“盛世中国，和谐社会”。从 2006 年起，黄帝故里拜祖大典不断提升规格，完善典制，逐步形成由河南省政府、河南省政协、国务院台办、中国侨联、全国台联、中华炎黄文化研究会共同主办，郑州市政府、郑州市政协、新郑市政府共同承办的格局。大典首次实现电视和网上视频直播，中央电视台对此次拜祖大典给予高度关注。

## 黄帝文化国际论坛开幕

2007年4月17日，首届黄帝文化国际论坛在郑州大学西亚斯学院举行，论坛为期两天。截至2018年，共举办12届。

2018年第十二届黄帝文化国际论坛　刘栓阳　摄

## 黄帝故里景区晋升 AAAA 级景区

2008 年，作为海内外炎黄子孙寻根拜祖圣地的黄帝故里景区晋升为 AAAA 级景区，被国务院公布为全国重点文物保护单位。

# 大事记

1948 年 10 月，新郑解放。县设 5 个区，城关属第一区。

1949 年 10 月，新郑县工商科、商联会组织私营大华烟厂和街道私营商店入股，在县城北街建立“豫新面粉电灯公司”。境内开始有电。

1963 年 4 月，全县划分为城关镇和 9 个人民公社。

1973 年，城关镇划归城关公社。1980 年，恢复城关镇。

1983 年 4 月，城关镇小学足球荣获全国小学生比赛新郑赛区第一名，受到团中央、教育部和国家体委嘉奖。

1985 年 3 月 5—8 日，首届灯展在辖区人民路举办，城乡群众几万人前往观看。共有 160 多个单位 477 盏彩灯参展。

1987 年 4 月 10 日，坐落在东关十字街东南的郑韩饭店竣工，共投资 250 万元，建筑面积 6584 平方米，主体 7 层，局部 9 层，底层为商场。郑韩饭店内设 650 张床位，时为新郑最大的饭店。

1994 年 5 月 4 日，南关双洎河大桥扩建工程竣工通车，桥长 201.8 米，宽 10 米，总投资 500 万元。

1994 年 10 月，新郑市博物馆建成竣工，建筑面积 1826 平方米，总投资 250 万元。

1998 年 3 月，轩辕故里广场扩建工程开工，总投资 1400 万元。

2001 年 11 月 13 日，经河南省政府批准，撤销城关镇，设立新建路街道办事处。

2001 年 12 月 16 日，商业步行街竣工投入使用。全长 1700 米，总投资 1.2 亿元，可容纳商户 400 多户。

2003 年 12 月 19 日，新建路街道办事处由步行街旧址搬迁到轩辕路西段 286 号，位于新郑市博物馆西 200 米。

2006年8月，新建路街道筹资6万元，建设新郑市首家面积约350平方米的“红色家园”，并于11月12日举行揭牌仪式。

2007年1月，中华姓氏广场改扩建拆迁工作完成，共涉及被拆迁户88户，拆迁土地面积11900平方米，建筑面积15000平方米。

2007年6月20日，新建路街道办事处与浙江省临海市古城街道办事处缔结为友好街道办事处。

2008年5月15日，组织全体党员开展向四川省汶川地震灾区献爱心捐款活动，共捐89500元。

2010年12月30日，新建路街道社区卫生服务中心挂牌成立。

2011年6月21日，新建路街道为民服务中心正式投入运行。中心面积约800平方米，为辖区群众提供一站式服务。

2011年11月1日，中央政法委调研组到新建路街道办事处为民服务中心进行调研。

2011年12月1—20日，新建路街道投资260余万元对商业步行街进行综合改造。

2013年1月11日，召开新郑市郑新快速通道南延改扩建工程征迁安置工作动员大会，征迁范围为繁荣街以南、东秦拐以西、故里广场以东、向阳街口以北区域，共238户居民。

2013年10月17日，召开新建路街道旧城区房屋征收补偿安置工作动员大会，旧城区房屋征收工作启动，共涉及1300户居民，总征迁面积295800平方米，是新郑市历史上规模最大、范围最广、涉及人口最多的一次征迁工作。

2014年1月20日，新建路街道从节约的三公经费中支出，对辖区内80周岁以上老人发放“孝老金”，每人补助1600元。

2014年2月28日，在新郑市黄帝故里景区南侧旧城改造工地的清障过程中发现多块明代石坊构件。据文献记载，新郑县城原有20余座明代石坊，1966年8月被毁。此次发现的牌坊构件正是被毁石坊的残存部分。这批文物已运至新郑市博物馆进行妥善保管。

2014年12月20日，新建路街道召开新郑市旧城改造房屋征收补偿安置工作动员会。次年1月13日，对新郑大厦进行拆除。1月20日，召开人民路西延拆迁推进会，签订协议901户。

2016年，共进行3次征迁，涉及1650户，拆除建筑面积41.5万平方米。

2017年4月，新郑市轩辕幼儿园建成，10月开园，是新郑市规模较大的公立幼儿园，位于街道轩辕西路，有24个教学班，可容纳幼儿1000余人。

2017年12月，办事处自筹资金500万元，建成东关口游园、北大街游园、西大街游园，已全部建成开放使用。

2018年11月，先后投入资金370余万元集中对辖区内的新建小区、二中家属院、清真寺综合楼等老旧小区进行升级改造。

2018年12月，嫘祖商业广场主体完工。该项目占地2.67公顷，总建筑面积73300平方米，外观为仿古结构，地上层高以三层为主，局部五层，是新郑市区面积最大的商业综合体。

# 口述史

LOCAL RECORDS OF XINJIANLU

# 记忆中的文昌阁

孙毅民

传说文昌帝君是道教中掌管人间读书功名之神。文昌阁是历代读书人祭祀、供奉文昌帝君的场所，坐落于新郑城南大街以西，轩辕小学院内东侧。据清顺治十年（1653年）新郑人郑魁绘制的学宫图所示，清朝以前面积很大，有数百亩，学宫内建筑很多。

1954—1958年，我就读于北侧的新郑县实验小学。当时的文昌阁年久失修，破败不堪，定为危楼，学校规定不得上去玩耍。我作为学生干部，有检查安全职责，有机会进入文昌阁内。看到的文昌阁与郑魁学宫图描绘的相差很大。根据推测，文昌阁是晚清时期重建的。文昌阁通高十四五米，高台底座约2.5米，大青砖砌成。木柱腐朽开裂，墙体崩凸，里边墙体上镶嵌的石碑字迹模糊。二层北穹顶上有一块竖立的牌匾，依稀可见“文昌帝君”4个金色大字。据老人回忆，文昌阁里曾有4个金子做的站神，在日寇侵略期间被偷走。多年来，文昌阁被人遗忘，蛛网密布，墙体破坏，十分凄凉。

# 北街记忆

刘海彦

小时候，我对推磨记忆很深。那时候吃面就得自己磨，有时候还得跑很远。推磨是日常家务活。我大伯置了一套盘磨，安在邻居刘军家，那一片的街坊都到那儿推磨，磨底留给主家。

几十年过去了，推磨的情景仍没有忘记：把粮食倒在磨盘上，石磨上有两根棍子固定在磨的上半扇，就晕头转向地一圈一圈推下去。有时在地里干农活很累，回来再晚也得推磨，因为磨少人多，还要排队等候。有时候，因为白天干活累，推着推着就睡着了，但还是一圈一圈机械地推着磨。那时十二点以前是没有人睡觉的，因为好多事在等着你，不推磨就不能吃饭，不能生活。

后来生产队买了小钢磨（又叫“一风吹”），石磨都闲了下来，再后来新郑成立了面粉厂，群众可以去拿麦子换面，现在又可以买到现成的面粉，社会在一天一天进步，生产

北街记忆　刘栓阳　摄

老照片——北关火车站

生活也日新月异。尽管吃饱穿暖了，但我始终不会忘记推磨的经历，它也同样提醒我不要忘记过去艰苦但很温暖的年代。

有首诗写道：“日行百里不出门，手抚磨棍如驾云，脸上汗水似雨浇，头上青丝洒碎银。”说的就是推磨的情景。

在我记事的时候，吃水都是到南关河里挑，那时河水很清，游鱼很多。后来北街衙后街打了一口甜水井，北关街的群众都去那担水，那时担水的人多，总是排着很长的队。我小时候常跟着父亲常去挑水，顺着轱辘往井下一看，黑洞洞的很深，怪吓人的，父亲赶紧

20 世纪 80 年代人民西路

拉了我一把，怕把我吓着。那时经常搞运动，平整土地，大人们都下地了，挑水的事就落在我们孩子身上，我们把大桶换成小桶，或让大人绞上来以后，一桶分成两个半桶往家挑。就这样，我经常跟着大人去挑水或俩人抬水……

有一次，一把没抓好，辘轳把就飞快地反转下去，我打了个趔趄，差点掉到井里。以后我就越加小心，慢慢地把水桶摇下去，再用尽全身的力气慢慢地摇上来，上来后倒成两小桶挑回去。这样日复一日，年复一年，一直挑到生产队有了浇菜地的机井。现在家家都有了自来水，担水已成为历史。

一口老井，养育了一方的百姓，留下了一段记忆，更包含着多少背井离乡的游子对少年故乡的深情眷恋。

小时候，开会用广播筒吆喝。我们街有个吴小德，眼睛不好，是个五保户，每逢开会或有什么通知，他就拿着铁皮做的广播筒站在街中间，大声吆喝，声音洪亮，几里地内都能听到，内容大部分是通知："喂，社员同志们，到牲口屋开会啦！"

这么小的东西从里边可以传出声音，可新奇了，一天三遍。当时没有娱乐，生活单调，

北街安置社区

只有这个“戏匣子”给人们带来快乐，带来精神上的享受。那时穷，家里都没有表，人们就把广播当成了时间，《东方红》乐曲一响，就该起床了；《国际歌》一唱，就该睡觉了。吴小德的广播对我和那个时代的北街人印象很深，至今不忘。后来有了收音机，20 世纪 80 年代有了黑白电视机，1991 年又有了彩色电视机，现在开会用手机、电话通知。听广播的日子，也就永远地留在了岁月的记忆之中了。

在童年时代，文化生活贫乏，那时孩子们没有别的娱乐活动，晚上没事就到牲口屋听故事，那时叫听瞎话儿。一是牲口屋暖和，二是不费家里灯油，更重要的是热闹有趣儿。

北街一队的牲口屋有一个土坯垒起来的草池子，上边搭上木板，饲养员就睡在上边，我们有时候听故事晚了就睡在草池子里，虽然牲口圈的气味不好闻，但总比在家要暖和些，十几头牲口就是十几个小煤火，睡在草池里非常温暖舒服。

经常说故事的有北街的魏百祥、刘喜新、高石磙等，因那时刘喜新两口在牲口屋院内泡豆芽，边泡豆芽边说故事，从古到今，什么“三侠五义”“小八义”和一些道听途说之事随便喷。我在这里也丰富了视野，开阔了眼界。特别是刘喜新，说起刘家先祖的故事生动有趣，使人听得入迷，我就是听他讲故事产生了对先祖的尊敬和了解。那时候，牲口屋里有永远听不完的故事，学不完的精细儿。

我们出生于50年代的人，都是靠吃红薯和玉米糁长大的，儿时和红薯、玉米建立了感情，也留下了不少故事。俗话说："红薯汤、红薯馍，离了红薯不能活。玉米糁、玉米馍，玉米面条过生活。"1958年我刚刚上小学，吃的是食堂饭，那时生产队都搞了兵团，大人都到兵团突击队去了，我一放了学，就跑到托儿所，当时托儿所就在现在的百姓广场东侧，是北街一队原来的牲口院改的，我奶奶和几个老太太在那里带孩子。我放学跑到那里去，我奶奶就会端上半碗放凉的玉米糁糊涂，让我蹲在门后大口大口喝起来。临喝完，还用手指把碗底儿刮一刮，抿到嘴里吃掉，玉米糁真好吃啊，现在还回味无穷。在生活困难的年代，能盛一碗热气腾腾的玉米糁糊涂喝喝，那真是天大的享受。有时奶奶会给我留下两块又厚又焦的玉米糁锅底吃，吃下去，真是回味无穷啊！

光阴似箭，斗转星移。今天，我们国家富裕了，人民过上了温饱生活，摆在餐桌上的是大鱼大肉、精米白面和水果，有时吃不完就扔了。我很想对他们说：浪费可耻，你们的祖辈、父辈们都是喝玉米糁，吃红薯长大的，不要忘本。

# 附　录

## 丙戌至戊戌年黄帝故里拜祖大典拜祖文辑录

### 丙戌年拜祖文

具茨巍巍，溱洧泱泱。轩辕之丘，天降轩皇。

圣明睿智，光耀朝阳。赫赫伟绩，惠泽八方。

先民之世，天蛮地荒。继炎而起，肇造华章。

甲子算数，律吕岐黄。六书制作，文字辉煌。

舟车指南，五谷蚕桑。修德振兵，铸鼎开疆。

拜祖大典之一

拜祖大典之二

设官司职，政体滥觞。宇内一统，万民景仰。

二十五子，分姓六双。代代有继，尧舜禹汤。

龙脉赓续，乃至今昌。世界文明，彰显华邦。

三个代表，指明方向。立党为公，民本至上。

改革开放，人神共襄。多党合作，国是共商。

发展经济，民富国强。先进文化，人人分享。

神六飞天，民气高昂。中华儿女，再谱新章。

炎黄子孙，五洲六洋。海外同胞，念祖思乡。

海峡两岸，骨肉情长。统一复兴，义不容让。

科学发展，振兴总纲。中华民族，雄立东方。

中原儿女，奋发向上。农业先进，工业兴旺。

科教发达，环境优良。社会和谐，人民安康。

英才辈出，自强争光。中部崛起，指日可望。

黄河滔滔，嵩岳茫茫。缅怀祖德，光大发扬。

谨告我祖，伏惟尚飨！

# 丁亥年拜祖文

## （一）追思懿德

黄河黄水，黄土黄壤。始祖山麓，轩辕故乡。
黄帝伟业，勋绩皇皇。少典之子，名震八方。
启迪蒙昧，告别洪荒。定都有熊，创制度量。
教民耕牧，食有余粮。种桑养蚕，缝衣制裳。
筑宫建室，暑避寒藏。造车作舟，道通路畅。
音律器具，历数岐黄。创新图腾，嫁娶婚丧。
任贤举能，整纪肃纲。礼仪渐备，文明发祥。
华夏一统，龙帜高扬。薪火相传，万世流芳。

## （二）秉承祖志

秉承祖志，续写华章。锲而不舍，饱经沧桑。
风流人物，再铸辉煌。实事求是，解放思想。
与时俱进，开拓图强。开放改革，百业兴旺。
科学发展，虎跃龙骧。又好又快，民富国强。
山川秀美，鸟语花香。社会和谐，兰蕙芬芳。
依法治国，民本为上。八荣八耻，引领风尚。
关注民生，感热知凉。公平正义，共建共享。
海峡两岸，笃思相望。振兴中华，念念不忘。

## （三）崛起中原

大河之南，九州之央。具茨逶迤，溱洧激荡。
中部崛起，正道康庄。中原发展，气宇轩昂。
志酬三农，广储粮仓。率先实施，免除皇粮。
经济发展，步步铿锵。文化底蕴，博厚深藏。
两大跨越，由大变强。诸多领先，流彩溢光。
人民诚朴，热情善良。勤劳勇敢，不卑不亢。
内强素质，外展形象。倡树新风，正气弘扬。
英雄辈出，河南现象。中州儿女，无愧先皇。

### （四）四海同拜

日月经天，江河奔淌。两岸四地，豫台澳港。
同祖同根，同愿同向。血浓于水，四海共襄。
新郑拜祖，源远流长。黄陵祭祖，扫墓酹觞。
拜祭呼应，相得益彰。敬慰拜告，伏惟尚飨！

## 戊子年拜祖文

阳春三月，春雨喜降。具茨山麓，轩辕故乡。
圣明睿智，光被遐荒。赫赫伟业，恩泽八方。
教民稼穑，始备粮粮。建筑宫室，暑避寒藏。
造车指南，便民来往。观日察月，历法度量。
嫘祖缫丝，民有衣裳。仓颉造字，文明传扬。
岐黄论医，民得安康。设官司职，政体滥觞。
修德振兵，千里开疆。华夏民族，屹立东方。
代代相继，乃至今昌。文明之林，显有华邦。
社会主义，根基开创。天翻地覆，艰苦备尝。
改革开放，成就辉煌。一国两制，国是共商。
举旗引路，开来既往。科学发展，遵循有章。
关注民生，共建共享。社会和谐，同奔小康。
嫦娥奔月，群情激昂。实力提升，民富国强。
中原崛起，奋发向上。年有所进，日有所长。
统筹协调，百业兴旺。又好又快，以城带乡。
农业大省，国人厨房。新兴工业，道路康庄。
经济实力，位列五强。文化振兴，不同凡响。
两大跨越，步履铿锵。和平统一，一贯主张。
海峡两岸，翘首盼望。精神家园，万世不忘。
新郑拜祖，四海共襄。祈福奥运，伏维尚飨！

# 己丑年拜祖文

## （一）思懿德

黄河水，黄土壤；黄帝业，绩皇皇。
少典子，震八方；启蒙昧，别洪荒。
都有熊，创度量；教耕牧，食有粮。
种蚕桑，制衣裳；筑宫室，暑寒藏。
造舟车，路通畅；音律具，历数详。
疗民疾，用岐黄；举贤能，整肃纲。
礼仪备，文明扬；华夏一，龙头昂。
古岩画，今尚存；薪火传，永流芳。

## （二）承祖志

承祖志，续华章；锲不舍，经沧桑。
竞风流，铸辉煌；唯求是，敞思想。
与时进，图富强；推改革，促开放。
发展观，讲科学；好又快，百业旺。
构和谐，凝力量；依法治，民为上。
办奥运，圆梦想；神七飞，遨穹苍。
抗强震，难同当；扩内需，保增长。
应挑战，化危机；举旗帜，奔小康。

## （三）新崛起

河之南，国之央；具茨山，轩辕堂。
新崛起，新跨越；新攻坚，新解放。
GDP，居第五；工业兴，道康庄。
粮丰收，超千亿，连年增，新高创。
由国人，大粮仓；成国人，大厨房。
经济界，步铿锵；文化界，溢彩光。
英模涌，感世人；勤且勇，不张扬。
强素质，展形象；克时艰，迎难上。
庆建国，六十年；无愧乎，吾先皇。

### （四）四海拜

日月朗，江河淌；两岸亲，豫台港。
本同根、本同祖、本同源、血脉长。
祈和平、祈和睦、祈和谐、四海襄。
新郑拜，古定制；黄陵祭，齐酹觞。
拜与祭，得益彰；敬始祖，伏尚飨。

## 庚寅年拜祖文

中华文明，源远流长。黄帝功德，万古流芳。
启迪蒙昧，开辟洪荒。丰功伟烈，恩泽八方。
教民畜牧，莳谷树桑。婚嫁制礼，历数岐黄。
始作车楫，初制度量。选贤与能，整纪肃纲。
修德柔远，封土修疆。肇趋一统，和合共襄。
后来秉志，历尽沧桑。千秋风流，共赋华章。
譬如积薪，后来居上。愈挫愈奋，多难兴邦。
天下为公，民本为上。民主科学，世代向往。
民生民权，民富民强。公平正义，共建共享。
五洲四海，华侨华商。振兴中华，百年梦想。
实事求是，思想解放。时进我进，改革开放。
文化自觉，百花芬芳。兼收并蓄，博采众长。
科学发展，步履坚强。继往开来，灿烂辉煌。
大河之南，九州之央。念兹在兹，若网在纲。
河洛崛起，亿民昂扬。佳绩重重，荣我轩黄。
昆仑巍峨，大河浩瀚。天高地迥，海清河晏。
水来自天，润溉中原。遥思古昔，筚路艰难。
先祖前哲，黾勉垂宪。子孙星布，一脉相传。
允恭克让，勤奋而俭。和而不同，存异择善。
和平是求，敬重自然。自尊自强，何惧忧患。

厚德载物，止于至善。赤子情同，跨海越山。
唇齿相依，心意相连。和衷共济，息息相关。
兄弟手足，相扶相牵。复兴大业，唯恐不先。
心属华夏，万事无难。家和事兴，万邦钦羡。
拳拳之诚，列祖实鉴。共享荣光，龙脉绵绵。
谨告我祖，伏惟尚飨！

## 辛卯年拜祖文

惠风和煦，万物复萌。河洛浩浩，溱洧清清。
豫州亿众，意气腾腾。小康既现，黾勉攀登。
南联皖鄂，陕鲁西东。并肩挽臂，七省齐兴。
仰望具茨，郁郁葱葱。圣迹犹在，追远慎终。
盛世怀祖，感恩圣功。忆昔往古，天下鸿蒙。
吾祖率民，肇始文明。明于天道，察乎民风。
广询智者，竭尽聪明。钻木阳燧，民远膻腥。
岐伯尝药，百世所凭。仓颉创字，古今遵行。
嫘祖植桑，民以御冬。教民稼穑，企盼丰登。
采铜铸造，未必不经。伟哉吾祖，德如峻峰。
垂裳而治，穆穆春风。德义教化，息忿止争。
百官不私，法简律明。以战止战，东巡西征。
不暇席暖，迁徙无恒。岂辞劬劳？尽瘁鞠躬。
民讳狙落，姑言仙升。咸池断竹，代以今声。
遐而在迩，永纪圣踪！噫嘻吾祖，视今何世！
环球播荡，时乱时凶。烽火连绵，饥馑频仍。
投薪止火，扰扰纷争。唯我华夏，和乐融融。
百业俱举，各尽所能。屡灾屡奋，日夜兼程。
倏尔卅载，日益繁荣。大爱遍在，保障民生。
正义弘扬，文化复兴。噫嘻吾祖，观彼海冻。

美哉荡荡，涛息风平。两岸手足，路畅心通。
古训是式，存异求同。既爱且让，互信日增。
今兹圣诞，齐禀元宗。前路尚遥，唯赖精诚。
振兴中华，重担共承。贡献世界，天下为公。
嗟我烈祖，佑我功成。肃此敬告，伏惟尚飨！

## 壬辰年拜祖文

日居月诸，今乃龙年。风和日丽，生意盎然。
十方龙裔，云集圣坛。敬兮诚兮，垂手素焉。
巍巍嵩岳，鹤鸣戾天。澹澹溱洧，鱼凫恬安。
神州祥和，欢哉中原。噫我华夏，历尽艰险。
今则昂首，屹立人寰。堪慰我祖，未尝辱先。
亹亹我祖，辟地开天。定都有熊，东播西迁。
北战涿鹿，南抚荆蛮。稼穑为本，民有所安。
巉岩留图，文字斯繁。设官分职，任能举贤。
算医乐舞，皆肇其端。宇内一统，服甸俱安。
呜呼我祖，亦圣亦凡。东方文明，此则其源。
海天沧桑，民族多艰。悲怆苦恨，历数千年。
山河易改，本性未迁。勤俭和合，海纳百川。
仁义礼智，敬畏自然。分则必合，愈挫愈坚。
外患虽频，牢固如磐。今则盛世，光照河山。
文化兴邦，教科为先。遗产重光，万花争妍。
工农商学，佳讯频传。天人和谐，国泰民安。
海峡无浪，两岸同欢。振兴中华，携手并肩。
五洲华裔，来归拜奠。身居异域，情系唐山。
呜呼我祖，旧居焕然。繁茂具茨，脢脢原田。
举国戮力，韬略深远。国强民富，崛起中原。
中州繁荣，重在河南。豫州幽悠，文脉绵延。

我祖而后，一脉相传。励精图治，立功立言。
德音必盛，世人钦羡。凤凰来仪，中华灿烂。
穆穆我祖，豫焉欣焉。喜我后裔，奋然挺然。
佑我中华，光辉璀璨。谨陈衷情，伏惟尚飨！

## 癸巳年拜祖文

时维季春，谷风轻飏。四海胄裔，齐聚古乡。
敬怀先祖，祈福告祥。我祖我根，万古流芳。
具茨山麓，吾祖诞降。筚路蓝缕，岩壁有像。
缫丝稼穑，民有餱粮。建宫筑室，立姓分张。
仰观日月，历朔斯创。造车指南，足达四方。
建制造字，文明始昌。统一宇内，仁义显彰。
瓜瓞绵绵，薪火炽旺。紫气连至，续写华章。
治国有典，德以为尚。步履稳健，渐富渐强。
国门愈敞，新业未央。民生尤重，成果共享。
百业俱兴，宇内安康。无远不届，友朋满堂。
修我戈矛，卫我封疆。涓涓海峡，路路坦荡。
两岸骨肉，携手奋扬。伟哉中华，万世泱泱。
中原崛起，步履锵锵。夙夜匪懈，怵惕自强。
举国瞩目，日见其昌。五谷丰登，六畜兴旺。
济济多士，克勤于邦。河洛子孙，增祖昭光。
黄河滔滔，嵩岳苍苍。天地之中，万姓旧乡。
追远新郑，恭献馨香。我祖其格，歆兮尚飨！

## 甲午年拜祖文

具茨绵绵 溱洧洋洋 圣山圣水 蜿蜒荡荡
少典之子 兹诞兹长 号曰轩辕 以德而王

生而颖异 体伟龙颡 夙夜匪懈 明德馨香
菽水藜藿 率众耕桑 制陶版筑 建室兴堂
肇作礼乐 声歌喤喤 仰观天文 历律初张
乃造舟车 巡狩四方 划野分州 仁覆八荒
事则躬亲 选贤举良 百官廉俭 民风和祥
上承天道 立刑建纲 华夏归心 协和万邦
嵩岳巍巍 中原莽莽 龙脉赓续 尧舜禹汤
百代兴衰 弱而復强 愈艰愈勇 历尽沧桑
延及近世 屡遭祸殃 惨遭肢解 铁蹄张狂
百姓涂炭 河山板荡 亿民奋起 血脉偾张
壮烈不挠 弱胜强梁 吾祖佑我 正义伸张
独立民主 雪耻自强 河山不殊 百业腾翔
众志成城 广谱新章 民族协睦 歌舞轻飏
民生民权 民富国强 海峡清浅 往来和畅
手足相拥 与尔同裳 居安思危 守土固疆
峨峨昆仑 茫茫大江 喷薄旭日 前路辉煌
祖训在胸 步履铿锵 龙之苗裔 无愧轩皇
四海同胞 唐山情长 厚德载物 同筑梦想
燃香新郑 兰蕙芬芳 恭祈故土 福祉绵长

颂曰

望大河之滔滔兮 颂吾祖之荣光
喜雨露之润润兮 思恩泽之泱泱
吾族尊祖而知鉴兮 往事未往
黄河縈山而九折兮 多难兴邦
帝貌岂可觅兮 广袤河山乃其影像
圣德既恒在兮 亿万苗裔其将永昌
皇祖万世而不替兮 松柏郁苍
生民厚德以立命兮 国运高扬
伏惟尚飨

## 乙未年拜祖文

蒙昧既启，开辟洪荒。呜乎帝后，泽被八方。
教民耕牧，莳谷树桑。婚嫁有礼，历数岐黄。
始作车楫，初制度量。选贤任能，有纪有纲。
修德怀远，封土辟疆。肇趋一统，和合共襄。
来者秉志，历尽沧桑。千秋风流，共赋华章。
积薪不辍，后来居上。愈挫愈奋，多难兴邦。
浩浩九州，膴膴河南。秣马执辔，崛起中原。
既安且美，维新维光。富而多文，荣我轩辕。
我胸宽博，我思悠远。四海兄弟，息息相关。
亿兆同心，跨洋越山。相扶相持，相敬相谦。
和平伟业，匍匐而前。路长多阻，何畏万难。
维我竭诚，列祖实鉴。天下大同，龙脉绵绵。
谨禀我祖，伏惟尚飨！

## 丙申年拜祖文

天玄地黄，远古洪荒。蒙昧既启，人类曙光。
华夏文明，浩浩荡荡。我祖勋德，万古流芳。
始作舟车，初制度量。选贤任能，维系八方。
其始维艰，历尽沧桑。千秋风流，共赋华章。
万载积薪，后来居上。愈挫愈奋，多难兴邦。
天下为公，民本为上。振兴中华，百年梦想。
依法治国，全面小康。全球胄裔，同欣同光。
既安且美，维新在前。富而多文，荣我轩辕。
昆仑巍峨，江河浩瀚。先祖前哲，垂宪黾勉。
允恭允让，克勤克俭。济济多士，笃业丕显。
自强自尊，远虑忧患。厚德载物，至诚至善。

四海兄弟，荣辱相关。亿兆同心，骨肉相连。
相扶相持，相敬相谦。中华复兴，四海同欢。
和平伟业，匍匐而前。何惧多阻，不辞万难。
维我竭诚，列祖明鉴。天下大同，龙脉绵绵。
我祖苗裔，披肝沥胆，竭诚禀告，伏惟尚飨！

## 丁酉年拜祖文

中华文明，浩浩荡荡。我祖勋德，光被八方。
启迪蒙昧，开辟蛮荒。伟烈丰功，恩泽流芳。
教民耕牧，莳谷树桑。婚丧有礼，历数岐黄。
始作舟车，初制度量。举贤任能，整纪肃纲。
修德怀远，封土辟疆。肇现一统，和合共襄。
薪火相传，历尽沧桑。筚路维艰，多难兴邦。
风火水旱，遇挫而强。万载积薪，后来居上。
千秋风流，共赋华章。天下为公，民本为纲。
振兴中华，共圆梦想。与时俱进，视野无疆。
自尊自觉，自信自强。传承创新，博采众长。
追古励今，再造辉煌。苗裔绵绵，举欣同光。
昆仑巍峨，江河浩瀚。先祖垂宪，黾勉前贤。
浩浩九州，大河之南。秣马执辔，崛起中原。
我胸宽博，我思悠远。日日维新，岁岁登攀。
两岸四地，荣辱相关。亿兆同胞，血脉相连。
和而不同，君子择善。崇尚和合，融于自然。
炎黄子孙，敢为人先。中华复兴，四海同欢。
和平崛起，不辞万难。匍匐而进，足胝手胼。
厚德载物，至诚至善。不卑不亢，礼仪在先。
一带一路，文明互鉴。合作共赢，多手相牵。
极目天地，时时前瞻。龙脉永续，日月经天。
谨此敬告我祖，伏惟尚飨！

# 戊戌年拜祖文

华夏文明，源远流长。我祖勋德，恩泽八方。
启迪蒙昧，开辟蛮荒。伟烈丰功，万古流芳。
教民耕牧，莳谷树桑。婚丧有礼，历数岐黄。
始作舟车，初制度量。举贤任能，整纪肃纲。
修德怀远，封土固疆。肇守一统，和合共襄。
明德亲民，历尽沧桑。筚路维艰，多难兴邦。
譬如积薪，后来居上。千秋风流，共赋华章。
天下为公，民本为上。振兴斯土，百年梦想。

黄帝故里广场　苗春堂　摄

传承创新，博采众长。自尊自觉，自信自强。
脱贫纾困，户户小康。改革无已，亿民所望。
日新月异，愈益开放。卌载一瞬，岁岁辉煌。
浩浩九州，大河之南。秣马执辔，崛起中原。
先祖垂宪，黾勉今贤。壮哉郑州，辐射致远。
十八名城，腾跃争先。接南承北，东西相挽。
多业并举，黄淮期盼。中州亿众，重任在肩。
世法天地，道法自然。和而不同，君子择善。
港澳来归，合力向前。两岸稍隔，血脉相连。
分久必合，世传万年。国荣俱荣，蚍蜉撼难。
紧拥共赢，俯仰皆宽。前路漫漫，何辞万难。
人类兴衰，同命相连。有进无退，唇亡齿寒。
厚德载物，远近歆瞻。鄙弃零和，至诚至善。
一带一路，文明互鉴。大小仁智，并肩扬帆。
龙腾云起，智者同欢。大同必达，日月经天。
恭此，敬以告慰我祖伏惟尚飨！

# 新郑郑韩故城

郑韩故城横亘在河南中部的广阔原野上，位于新郑周围的双洎河和黄水河之间的三角地带。城墙巍然耸立，蜿蜒起伏，连绵不绝，蔚为壮观。根据文献记载，它是公元前 8 世纪中期至公元前 230 年的春秋战国时期郑国和韩国的都城。

郑韩故城依双洎河和黄水河相汇处的自然地势构筑。城址平面略呈不规则长方形，东西长约 5000 米，南北宽约 4500 米，中部有一道南北向夯土墙将故城分隔成东西两部分。城墙系分层夯筑，保存在地面以上部分残高 15~18 米，基宽 40~60 米。下部夯层厚约 10 厘米，夯窝为圆形圜底，直径 3~4 厘米；上部夯层厚 10~19 厘米，夯窝为圆形平底，直径 5~6 厘米。夯筑异常坚实。

郑韩故城西城平面略呈长方形，北墙保存较好，长约 2400 米，东墙即故城隔墙，大部分墙基埋藏在今地面下，长约 4300 米，西墙和南墙推测多被双洎河冲毁。经 30 年来的钻探发掘得知，在西城的北中部，即今阁老坟村一带，夯土建筑基址分布密集，已经发现十余处。有的面积达六七千平方米，并发现有上下层夯土建筑基址的叠压和打破关系，表明这里是春秋战国时期郑、韩两国的宫殿区或与宫殿建筑有关的建筑遗存的集中分布区域。西城中部发现的宫城遗址，东西长约 500 米，南北宽约 320 米，四周另有夯土墙环绕，墙基宽约 10~13 米，全部湮埋在今地面以下。已钻探发现了推测是宫城的北门和西门遗迹，并在宫城中部偏北处发现了大型夯土建筑台基。在这片建筑基址的西北部，尚保存一处地面夯土高台建筑遗存，俗称为“梳妆台”。台基作长方形，南北长约 135 米，东西宽约 80 米，高 8 米，台上发现有陶井圈构筑的水井和埋入地下的陶排水管道，这座高台建筑的性质尚不十分明了。近年来在西城偏东侧发现并发掘了 3 处战国晚期的大型夯土建筑台基，其中二号基址依形制推测当为一处坐西面东的配殿建筑。在西城西北部的阁老坟村西，揭露出一段战国晚期的覆道基址。这些发现为最终研究确定西城的性质提供了新资料。

西城内最重要的发现是位于宫城西北部的地下冷藏建筑遗存。这处地下冷藏室的形制为口略大于底的长方形竖穴式，现存口南北长 8.70 米，东西宽 2.80~3 米，底长 8.60 米，宽 2.35~2.50 米，深 2.40~3.35 米。其建筑程序是：先由地面向下挖成一口大底小的长方形阶梯状土坑，然后在土圹周边内侧由下向上分层夯筑四壁，四壁表面涂抹草拌泥，外表面再粘贴一层方形凹槽砖。现存东壁和北壁略向外倾斜，西壁和南壁基本垂直。四壁夯层厚

度约10厘米，夯面上布满密集的圆形平底夯窝，直径4~5厘米，窝深1~2厘米。在冷藏室南壁东端，修筑有呈南高北低状的台阶式出入走道，走道宽0.58~0.70米。走道台阶共13级，也为夯土筑成，直通地下冷藏室底部。室底平坦而规整，室内面积21.24平方米。冷藏室底部东侧挖筑有5眼竖井式冷藏井窖，南北呈一直线排列。井窖系用特制的筒状陶井圈在预先挖成的竖井式土圹内上下套接而成。这种特制井圈直径大则1米，小则0.71米，一般为0.82~0.86米，高0.32米，上部近井口处井圈较大，下部井圈较小，井深2.50米左

郑韩故城国家考古遗址公园一角 刘栓阳 摄

右。冷藏室其余地面用正面印有对称的三角纹和菱形格米字纹、背面有正方形凹槽的方砖平铺，室内周壁壁脚亦用方砖砌护。发掘时在冷藏室周围发现 4 个圆形柱洞，洞底用料礓石铺垫作为基础。由冷藏室内出土较多的板瓦、筒瓦残片看，冷藏室地面原应有木构瓦顶类的建筑设施。

冷藏室填土中出土有大量战国时期的陶器、砖、瓦残片以及铜、铁、骨器等。部分陶器的肩、底部刻划有文字、方形戳记及其他一些符号，其中以刻在碗、壶上的居多，可辨

郑韩故城　常书军　摄

识的文字有“余”“吏”“啬父”“左朕”“陉公”“官”等字。陶器器形有釜、罐、瓮、盆、甑、壶、豆、碗等。铜器仅见马蹄形圆柱状鼎足，锈蚀严重的印章，环、铃、镞、带钩及“平阳”布币等。铁器有锄、锸、镢、刀。玉器有柄形饰、圆饼。骨器有笄、棒、匕等。填土中出土的禽兽骨骼约占整个出土遗物总数的一半，以牛、猪骨最多，马、羊骨次之，并有少量鹿、鸡骨。大量禽兽骨骼的出土，充分说明这一冷藏建筑以储藏肉类食物为主。

郑韩故城内的这一处地下冷藏建筑，时代属于战国晚期。其位置南距宫城遗址仅 200 余米，推测是战国时期韩国王室专用的地下冷藏建筑设施。其周壁规整，出入走道狭窄，地面平坦整洁，封闭性较好，便于保持室内低温及冷藏物品的清洁卫生，建筑设计科学，对于研究我国古代建筑史及古代食品的冷藏技术都具有重要价值。

1923年秋，在位于西城南部的新郑县城南门内的李家楼村，出土了一批青铜器，计有礼乐器编钟19、编镈4、鼎16、簋11、鬲9、甗1、簠3、罍2、彝1、方壶4、圆壶2、鉴2、盘3、匜4、舟5、炉1、镇墓兽1，共88件及兵器、车器、马饰等，总数百余件。这批铜器，向以“新郑彝器”之名传世，推测当为一座大墓中的随葬品。这批铜器中的一件莲鹤方壶，壶底双兽负重欲奔，壶腹四面伏龙返顾，壶盖莲瓣层层骈列，正中一鹤展翅欲飞，此器构思奇特，制作精巧，静中寓动，一反商周青铜器奇诡凝重的传统，被视为东周铜器驱陈纳新的杰作。这批铜器中的王子婴次炉铭文为“王子婴次之燎盧”，其器形、纹饰、字体具有明显的楚器特征。新近研究认为：该炉当为楚国令尹子重所作，是鲁成公十六年（公元前575年）晋楚鄢陵之战楚师兵败后遗于郑地的。从而证明新郑彝器的年代当为公元前575年鄢陵之战以后的春秋中期。

郑韩故城东城平面呈不规则长方形，北墙长约1800米，东墙自边家村西北墙东端南行，在裴大户寨村西发现城门遗迹处折而向东，至黄水河边沿河西岸继续南行直至双龙寨村南黄水河与双洎河交汇处止，全长约5100米。南墙西起东墙南端，西行过双洎河，再沿双洎河南岸西行，至部楼村东北折，在前端湾村西双洎河南岸止，方向略与故城隔墙成一直线，全长约2900米，其筑法与西城墙同。

东城是手工业作坊的集中分布区。在东城东部小吴楼村北，发现有春秋战国时期的铸铜作坊遗址，面积达10余万平方米。在丰富的春秋文化层堆积中含有大量的铜炼渣、木炭屑和熔铜炉、鼓风管、陶范等遗物。熔铜炉炉底呈圆形圜底状，炉圈壁外多涂有一层厚1.5~2.5厘米的草拌泥。鼓风管前端较细，后端较粗，直径3~5厘米，外附一层草拌泥。陶范主要是铲、镰、锛、凿等生产工具范。

在东城偏北的张龙庄村南，发现一处春秋战国时期的制骨作坊遗址，面积约2万平方米。在这处制骨遗址文化层中，出土了大量带锯痕的废骨料、骨器、骨器半成品及细砂砺石、残铜刀等制骨工具。初步辨认出骨料中有牛、猪牙床骨、肩胛骨和鹿角等。春秋文化层中含有骨笄、骨锥、骨珠、骨环及一些骨料。战国文化层中含有骨笄、锥、匕、环、簇、贝、珠、饼及大量骨料和骨器半成品，另有一件雕刻精美的骨雕动物。制骨作坊的产品以装饰品为大宗。制作骨器从选料始，经锯、磨、钻、雕等一系列工艺过程，直至生产出各式的骨器制品。据堆积层次及包含物知，这处制骨作坊的时代，约起于春秋中期，迄于战国晚期，其中以战国时期堆积及包含物最为丰富。

在东城西南部的仓城村南，发现了一处战国时期的铸铁作坊遗址，面积约4万平方米。

发现残炉一座，烘范窑一座，并出土了一批铁器和陶范等遗物。残炉仅存炉底，直径约 1.70 米。在残炉东北和西北各约 2 米处，各有一袋状竖穴，穴内周壁用不规整的小砖券砌，竖穴内填满战国时期的残砖、陶范和陶片，底部堆积有较厚的灰烬层。两个竖穴内各有一砖砌小方洞，向上延伸至炉底东部边缘以通风。据此推断，此炉可能是熔铁或淬火用。烘范窑底平面略呈长方形，由窑门、膛、窑室和烟道 4 部分构成，窑壁用不规则小砖砌筑。这座烘范窑位于熔炉北侧 1 米处，两者之间及窑门前都以小砖平铺，可知二者有着密切的联系。在熔铁炉和烘范窑的清理中，曾出土许多残陶范，在熔炉东南侧约 8 米处一个方形灰坑中，堆积着大量残范和范芯，计有镬、锄、镰、铲、锛、凿、削、刀、剑、戟、箭杆和带钩等 10 余种，其中以镬、锄范数量最多。陶范均用细砂泥烧制，范腔和浇口多设在底范和铸造面上，外底范与范盖的四侧角，各挖一个三角形豁口，以便底范与范盖扣合浇铸时捆绑绳子之用。出土的铁器与范模器形相同。可知这处铸铁作坊以铸造生产工具，尤其是以铸造农具为主，铁器在当时已被广泛使用于手工业及农业生产的各个部门。

制陶作坊遗址位于东城东部大吴楼村东北，与铸铜作坊相邻。1972 年在这里发现一处制陶作坊遗迹（编号 F1）。F1 被战国文化层叠压，平面呈长方形，东西长 9.50 米，

南北宽 6.40 米，面积 60 余平方米。房基四周以粗绳纹板瓦围筑，地面用长方形和方形砖平铺，铺地砖有素面长方形，米字方格纹方形，凹底和四足方砖等。F1 南通道用 4 排长方形砖铺地，残存长 2.50 米，宽 1.50 米，再南 10 余米与陶窑相连，或为从制陶器坯场地运送入窑烧制的特设走道。北部中间有一条夹含碎陶片的硬土活动面，或与制陶原料入口有关。根据发现的柱洞和石柱础及房顶倒塌堆积中的包含物推测，F1 的房顶结构为木结构瓦顶建筑。制陶遗迹集中在房子的东半部。东部偏北处的长方形工作面面积约 4.2 平方米，地面残存有陶桶、陶拍和铁削等工具。房基东南部有一长方形浅池，面积约 2.16 平方米，池底用空心砖和方砖平铺，池壁用空心砖或长方形砖砌筑，池底残存有一层厚 1 厘米的细红黏土泥料，由此可知该池似为澄滤或堆放泥料之处。在泥料池周围发现有陶桶、陶拍和澄滤器等物。F1 的西南隅发现有直径约 56 厘米的圆形烧灶遗痕，并有一些生活用器如陶盆、钵、碗等，而 F1 东墙外则发现有制作陶器的原料——细腻的红黏土，并散见砖、水管道、瓮、罐等遗物，这一现象，显然与 F1 制陶作坊的生产和生活场地的布局有关。在 F1 制陶作坊遗址中，出土了大批陶拍、刮板、圆盘、玉石刮刀等制陶工具，陶釜、罐、盆、豆、钵、碗、盏等生活用具，以及陶量、瓮、桶、缸等与制陶生产有关的遗物，

新建路街道俯瞰 刘栓阳 摄

并且发现了一批珍贵的陶文资料，其中“邵耑”二字见于陶纺轮上，或为制陶工匠之名；“左城”二字见于陶桶，似为地名，疑即指郑韩故城的东城。过去在东城发掘出土的陶器上也曾见到“左城”二字，但西城内尚未见到“右城”字样的文字，它的实际涵义尚待探讨。F1内还出土有一批铁器，计有耙齿、镰、削、刀及铁条。建筑材料有陶砖、瓦、水管、圈等。由F1内出土器物的形制推断，其时代为战国时期。由制陶工具的形制和陶拍拍面纹饰推测，这一制陶作坊遗址以生产瓦类建筑材料为主。

东城内还发现有制作玉器的手工业作坊的线索。近年来，在东城东南部，发现有战国晚期的储粮窖穴。在铸铜遗址内，发现有布币陶范和印制铜兵器铭文的石模。在东城的西北部发现了大面积的夯土遗存。这些都为研究郑韩故城的城内布局及东城性质增添了新的资料。

1971年11月，在东城东南部的白庙范村，发现一座铜兵器坑，经初步缀合，计出土有戈、矛、剑等铜兵器180件。其中铜戈80余件，铜矛90余件，铜剑2件。难能可贵的是，其中的170余件兵器上面带有铭文，铭文字数少的1字，多者33字。铭文多在铜戈的内部或铜矛的骹部，分铸款、刻款和先铸后刻3种。铭文内容较为丰富，涉及地名如“鄭（郑）”“阳人”“�”“梁”“阳城”“雍氏”“平陶”“安成”“格氏”“东周”“长子”等20余处，另有一部分记有“郑命（令）”“工师”“司寇”和“冶尹”等名称以及“王二年”“王三年”“三十四年”等纪年铭文。根据兵器坑打破战国文化层、叠压着属于战国时期的方形竖井、铜戈和铜矛的形制与战国晚期的吕不韦戈和吕不韦矛近似、铜器铭文反映的时代说明这批铜兵器的铸造时间约在公元前310—公元前231年的韩襄王至韩王安时期，可以推断这批铜兵器的时代属于战国晚期。因此，这批铜兵器铭文对研究战国时期韩国的历史地理、文字演变、冶铸官署设置、兵器形制及铸造工艺都具有重要的意义。

东城区内最重要的发现是近年来多座青铜礼乐器坑的发现。1993年6月，在配合位于郑韩故城东城中部的金城路施工发掘中，曾发现多座青铜礼乐器坑和殉马坑，出土青铜礼乐器60余件。其中1号坑因施工中破坏，仅余4件铜鼎，呈东西一列放置，其他簋、鬲、壶等均被压碎，可辨铜礼器配置为7鼎6簋，详情不甚明了。2号坑东南距1号坑约3米，分南、北两排放置青铜乐器24件，其中镈钟4件一排居南侧，大小错递排列；20件编钟亦为一排作上、下两层叠放居北侧，也以大小为序依次排列。3号坑东距2号坑仅1米，坑内放置铜礼器16件，其配置为6鼎、4簋、4鬲及鉴、豆各1件。在3座青铜礼乐器坑的周围，另清理有 3 座殉马坑，分别葬马 4 匹、2 匹。清理的 24 座中小型春秋墓中，也出土了一批青铜礼器，其随葬铜器的组合为鼎、敦、簠、舟、盘、匜及玉器、骨器、玛瑙器等，其中的一件铜簠通高 21.6 厘米，盖器对应扣合，器盖与器身的左、右两侧各饰两个兽首形器耳，盖顶和器底饰蟠联纹，扣合面上下饰三角纹加卷云纹，四矩足饰夔纹，整器显出清新秀美的韵味。这批铜器就器物的大小、形制、装饰花纹都与 1923 年李家楼出土的铜器群基本相同，故二者年代也应相若，同属于春秋中期。

1994 年 10 月至 1995 年 3 月，在同位于东城中南部的新郑市城市信用社基建工地的发掘中，又发现 6 座青铜礼乐器坑和 56 座殉马坑，出土青铜礼乐器 57 件。

1996 年 12 月至 1997 年 1 月 20 日，这是新郑郑韩故城考古史上一个永远值得纪念的时期，继上述两次发现之后，这次在位于郑韩故城东城西南部，今城关新华路中段的南侧，又一次发现青铜礼乐器坑 10 座，殉马坑 20 余座。出土春秋时期的郑国公室青铜重器 255 件。其中青铜礼器坑 4 座，出土鼎、簋、鬲、壶、鉴、豆等 111 件；青铜乐器坑 6 座，出土编钟 18 套 144 件，与之伴出的还有悬挂编钟的木架（古称笋虡）6 套和吹奏乐器陶埙 4 件。这次发现的青铜器数量之丰富，组合之完整，工艺之精美，在郑韩故城的考古发现中均属首位。

10 座青铜礼乐器坑均为方形或长方形的竖穴土坑。礼器坑最大的南北长 2.58 米，东西宽 2.52 米，深 1.38 米。最小的东西长 1.98 米，南北宽 1.70 米，深 1.46 米。乐器坑最大的长 2.16 米，宽约 1.87 米，最小的长 1.19 米，宽 0.94 米，深 0.73~1.12 米。礼器坑中的青铜器配置分为两种，其中一种为 9 鼎、8 簋、9 鬲、2 方壶、1 圆壶、1 鉴、1 豆，每坑 31 件；另一种为 9 鼎、9 鬲，共 18 件。其放置的位置及方式是：有两座礼器坑将方壶和圆壶置于坑内西北角，然后把鼎分别排列于坑中，簋、鬲多放在鼎内，鉴、豆有的置于鼎内，有的摆在方壶东侧；另一礼器坑 9 件鼎分作 3 排，9 件鬲分作 2 排放置。从清理出的痕迹看，鼎、壶等系用苇席类物品包裹后埋入坑内。乐器坑每坑有镈钟一套 4 件，钮钟两套 10 件，均分排放置。尤为值得称道的是，乐器坑中，一般都有挂钟的木质横梁和放置在左右两端的木质编钟架与之伴出，为以往同类发现中所罕见。编钟架有蝴蝶形、扇形和长方形数种。这些钟架的样式各有不同，一般都有 3 根横梁，多数都摘取后放压在钟架下。钟架多经髹漆，有的另涂有朱砂。木梁上有的加有装饰板，雕饰云纹或云龙纹。编钟多先以丝绸包裹，覆之以竹席，然后大小错递悬于木梁，或立或卧摆放坑中。悬挂方法有的以骨锥为销插于钟纽内，再用绳索攀缚在木梁上，有的则将钟纽直接用绳索拴绑于木梁。

在 7 号坑内另发现有击钟的钟槌。钟架高度均在 1 米以下。已清理的数套编钟多经调音，可能以圆形工具主要采用锉和磨的方式奏乐，所以在钟口内唇和两铣夹角等处均留下有弧形的凹槽。

与编钟同出的 4 件陶埙，均为泥质磨光陶质，1 件呈黑色，另 3 件是褐色，烧制火候较低。埙高 3.2~4 厘米，器近圆锥体，折腹，平底，顶部有一小吹孔。两件埙为三音孔，另两件为四音孔。它们与编钟伴出，大约与为编钟定音或合奏有关。

同时发现的 20 余座殉马坑多为长方形竖穴土坑，极个别近方形。最大的南北长为 3.40 米，东西宽 3.20 米，最小的南北长 1.60 米，东西宽 1.80 米，一般深约 1 米，方向均在北偏东 20 度左右。每坑多者殉马 4 匹，少则 1~2 匹。由马骨保存现状推测，它们并非是一次殉埋的，应是分别多次而且延续较长时间埋入的。鉴于这次发现的青铜礼乐器坑和殉马坑排列有序，而周围目前并未发现墓葬，坑内礼乐器的组合颇合于同时期同等级别墓葬中的随葬品组合，因此，有关专家认为，这批礼乐器坑、殉马坑或许与祭祀活动有关。

近年来郑韩故城内多座礼乐器坑的发现及大量青铜礼乐器的出土，给郑韩故城考古提出了许多新鲜的课题。连续发现的多座青铜礼乐器坑，均位于东城区内，且大体是东西线排列，它们似与古洧水（今双洎河）有着密切的关系。礼乐器坑的周围并不见相应的墓葬，既为祭祀，如此大规模、高级别且在一段比较集中的时间内反复进行的（因发掘表示，青铜礼乐器坑不是同时挖筑完成的，坑内铜器时代比较接近，但可能非一次埋入），这种活动，其祭祀的源起、内容、性质究竟为何？东城区向认为是郭城，在此区域内多次进行的这种活动该如何认定？由此涉及 1923 年李家楼铜器群发现的性质的再认识及春秋战国时期常见的那种两城并立的布局的理解，都是我们今后需要探讨的问题。连续发现的多座礼乐器坑及大量青铜礼乐器的出土，对于研究春秋时期礼乐制度的演进，郑国铜器的分期断代，尤其是研究当时负有盛名而又颇有争议的“郑卫之音”的音律、音乐结构、演奏方法及实质性内涵，都提供了科学的实物资料。

在郑韩故城内外，均发现有春秋战国时期的墓地分布。其西城内东南部和东城内西南部一带，可能有春秋郑国的贵族墓葬区。在郑韩故城外围的新郑卷烟厂、烈江坡村、蔡庄、河李、南关、李家、马家、周庄、靳洞等处，均有春秋战国时期的墓葬发现。就大致的分布规律看，春秋时期郑国贵族墓地多在城内，春秋战国时期的一般墓葬区多在城外，战国时期韩国王陵区目前已有一些线索，但仍在探寻之中。

# 参考文献

[1] 新郑市史志办 . 2004 新郑年鉴 . 郑州：中州古籍出版社，2005.

[2] 新郑市史志办 . 2005 新郑年鉴 . 郑州：中州古籍出版社，2006.

[3] 新郑市史志办 . 2006 新郑年鉴 . 郑州：中州古籍出版社，2007.

[4] 新郑市史志办 .2007 新郑年鉴 . 郑州：中州古籍出版社，2008.

[5] 新郑市史志办 . 2008 新郑年鉴 . 郑州：中州古籍出版社，2009.

[6] 新郑市史志办 . 2009 新郑年鉴 . 郑州：中州古籍出版社，2010.

[7] 新郑市史志办 .2010 新郑年鉴 . 郑州：中州古籍出版社，2011.

[8] 新郑市史志办 . 2011 新郑年鉴 . 郑州：中州古籍出版社，2012.

[9] 新郑市史志办 . 2012 新郑年鉴 . 郑州：中州古籍出版社，2013.

[10] 新郑市史志办 . 2013 新郑年鉴 . 郑州：中州古籍出版社，2014.

[11] 新郑市史志办 . 2014 新郑年鉴 . 郑州：中州古籍出版社，2015.

[12] 新郑市史志办 . 2015 新郑年鉴 . 郑州：中州古籍出版社，2016.

[13] 新郑市史志办 . 2016 新郑年鉴 . 郑州：中州古籍出版社，2017.

[14] 新郑市史志办 . 2017 新郑年鉴 . 郑州：中州古籍出版社，2018.

[15] 新郑市史志办 . 2018 新郑年鉴 . 郑州：中州古籍出版社，2019.

[16] 新郑县地方史志编纂委员会 . 新郑县志 . 西安：陕西人民出版社，1992.

[17] 中共新郑市委组织部，党史研究室 . 辉煌新郑五十年 . 北京：中共党史出版社，2000.

[18] 新郑市地方史志编纂委员会 . 新郑市志 . 郑州：中州古籍出版社，2013.

[19] 张新斌，刘五一 . 皇帝与中华姓氏 . 郑州：河南人民出版社，2013.

[20] 郭伟民 . 黄帝故里文化之旅 . 郑州：中州古籍出版社，2014.

[21] 王建民 . 皇帝传说 . 北京：光明日报出版社，2015.

[22] 刘宏民，刘如江 . 黄帝文化学 . 郑州：中州古籍出版社，2016.

[23] 刘宏民 . 具茨晴岚 . 北京：光明日报出版社，2016.

# 编纂始末

根据中国地方志指导小组办公室《关于启动中国名街志丛书编纂工程的通知》和《中国名街志文化工程实施方案》部署，开发利用地方志文化资源，传承乡土历史文化，保存乡土文化记忆，充分发挥地方志“资政、教化、存史”功能，这是一项意义重大的工作。

《新建路街道志》编纂之始，编纂团队立足于展现新建路街道发展特点和独有价值，统合古今，详今略古。对新中国成立以后，特别是中共十一届三中全会以来所发生的重要史实进行重点记述，深入挖掘新建路街道锐意进取的发展历程、改革创新的人文精神。

《新建路街道志》从街情特点出发，突出街域特色和重要史实，在篇目设置上力图有所创新，在语言上努力追求朴实、严谨、简洁、流畅，增加可读性。

《新建路街道志》坚持生不立传的原则，因此，有一批曾为新建路街道政治、经济、社会、文化发展做出过诸多奉献的贤达俊杰未能入选本志，在此我们深表歉意。在《新建路街道志》编纂过程中，编辑人员各负其责，保证了《新建路街道志》的顺利完成。

在编纂本书的过程中，得到了郑州市史志办公室的帮助和指导，新郑市史志办公室主任李磊亲自对本书进行了精心的修订，为本书的顺利出版提供了大力的帮助。同时，新建路街道党工委和办事处十分重视名街志的编纂工作，街道党工委副书记、办事处主任李勇多次对街志编写工作提出要求，审核提纲。街道党工委副书记、人大工委主任李宏伟具体负责协调各部门、各社区，由街道党政办、文化站牵头，合力支持名街志编写工作，街道各部门以及相关单位积极提供资料。新郑市摄影家协会刘栓阳、刘宏民、王建伟等为本书提供了摄影作品；孙毅民、刘海彦先生提供了口述史作品。在此谨向为本书付出辛勤劳动的两级史志办和街道领导以及参与编辑的工作人员致以衷心的感谢！

因本书中所选照片及文章众多，部分作品未能在出版前及时联系到著作权人，请著作权人看到后与我们联系，我们将奉上稿酬。

因本书编纂工作时间仓促，资料分散，加之理论水平有限，才疏学浅，虽潜心编纂，数易其稿，其错误和遗漏的地方在所难免，敬请社会各界和专家学者批评指正。

《新建路街道志》编纂委员会

2019 年 11 月